अल्फ़ाज़ -ए-दिल

Alfaaz-E-Dil

अल्फ़ाज़ -ए-दिल

Alfaaz-E-Dil

Ranjit Kumar Narula

ZORBA BOOKS

Published by Zorba Books, July 2023
Website: www.zorbabooks.com
Email: info@zorbabooks.com
Author Name & Copyright © Ranjit Kumar Narula
Title: Alfaaz -E- Dil

Printbook ISBN: 978-93-95217-90-3
Ebook ISBN: 978-93-95217-83-5

Zorba Books Pvt. Ltd. (opc)
Sushant Arcade,
Next to Courtyard Marriot,
Sushant Lok 1, Gurgaon – 122009, India

Printed in India

In loving memory of *RANJIT KUMAR NARULA*

A wonderful Son, Brother, Husband, Father,
and Grandfather.

Loved and Respected by all those who knew him.

About the Author

Ranjit Kumar Narula was born on 30th April 1941, in Bannu (NWFP), now in Pakistan. He migrated to India with his family at the time of Partition in 1947, and settled in Meerut. Eldest of three siblings, Ranjit cleared the prestigious National Defence Academy exam and entered the esteemed institution in Khadakvasla, Pune. He was commissioned as a Transport Pilot in the Indian Air Force in May 1962.

He commenced his service to the nation by participating in the 1962 Indo-China war. He qualified early as Captain of the IL-14, a Russian aircraft, and flew extensively in the Leh-Ladakh operational sector. His sorties included air support to the Indian Army, paradropping supplies and carrying out casualty evacuations. He also took part in the 1965 & 1971 Indo-Pak war operations and flew thousands of accident/incident free hours in the IL 14 and Dakota during war and peace time alike. He had the honour and privilege to command various squadrons and units, including missile squadrons of the Indian Air Force.

Over the next twenty-five years, Ranjit demonstrated an admirable track record of service, engaging in diverse operations across the country and encompassing a wide range of endeavours.

After taking premature retirement from the service, he gained varied and rich experiences in civil life, working for Indian and International companies with stints taking him as far as the erstwhile USSR and New Zealand.

In his personal life, Ranjit excelled as a devoted family man, fulfilling his roles as a dutiful son, caring brother, and an exemplary husband to his beloved Rajni, whom he married in 1968. Whether it be the air force stations across the country or civil life thereafter, Ranjit and Rajni had a harmonious and balanced marriage, full of love, fun and unwavering support to each other. Celebrating 50 golden years of marriage in 2018, they complemented each other beautifully. Ranjit was an exceptional father to their two daughters, Anu and Aparna, embracing the responsibilities of fatherhood with unending love and dedication, providing his girls confidence, opportunities and an enriched quality of life.

Throughout his illustrious life, Ranjit Kumar Narula cultivated a plethora of creative interests and pursuits. From his astute eye for photography to his adventures across the globe, he enjoyed the beauty of exploration. He also developed a passion for cooking and a keen ear for music along with being an avid sportsperson in his youth.

He led a fulfilling life with his wife in Gurgaon, until he passed away in October 2022

A sentimentalist at heart, it was his profound appreciation for poetry that truly encapsulated Ranjit's wisdom and soul. Writing poetry developed over a period of many years, without any formal guidance. Enriched with Urdu words, his poetry has many flavours, diving specifically into themes of love, betrayal, longing, hope, sadness, joy and the pursuit of purpose. Amazingly, he also possessed no formal education in the Urdu language.

A magnificent anthology of his work through the years,

"Alfaaz-E-Dil," is now in your hands.

Happy Reading

Preface

Having immersed himself in poetry throughout his life, Papa held a preference for keeping his verses deeply personal, sharing them only occasionally with his nearest and dearest. However, as the years unfolded, he gradually embraced the notion of compiling his literary work and opened up to the prospect of publishing his poetic pieces to share with the world.

From the meticulous design of the cover to the heartfelt portrayal of his life story, excerpts about Bannu, and the poetry itself, Papa worked on all the creative elements, front to back.

He wrote all his poetry by hand, drafting and reworking the poems multiple times, yet still remaining true to the method that brought him closest to his emotions- by putting pen to paper.

Driven by the desire to bring his dreams to fruition, we took it upon ourselves to embark on the journey of publishing his work in his absence. Despite our dedication, we humbly apologise for the occasional errors and shortcomings. Our hope is that these imperfections do not hamper your experience of immersing yourself in Papa's work and enjoying the emotions and commitment he put into his pieces.

Anu & Aparna

ऐसी मोहब्बत

न जमीं हो न आसमां हो
न कोई भी मेरा जहां हो।
तुम हो और बस हूँ मैं
हमारी सांसें हमारे दरमियां हों।
दो एहसास बस हों आस-पास,
घुल जाएं इस तरह
खुशबू गुल मिले जिस तरह।
न आफ़ताब की रोशनी
न हो कोई ज़िन्दगी,
ख़्यालों की न परवाज़ हो
खामोशियों की न आवाज़ हो।
क्या ऐसी मोहब्बत कर सकती हो
तुम मुझ से ....?

कम नसीबी

जुस्तजू थी बड़ी मगर मोहब्बत आरज़ी निकली,
शमा तो पिघली मगर कम रोशनी निकली।

वायदे किए हज़ारों उसने मुझ से,
रस्मों-रिवाज़ों के रूबरू उसकी कुछ बेबसी निकली।

उसे बेवफ़ा कहने से क्या मिलेगा मुझे,
कम नसीब और मजबूर मेरी अपनी ज़िन्दगी निकली।

हाथ में जाम था पर नशा न था,
यूं बेमज़ा महफ़िल में मेरी ज़िन्दगी निकली।

फुरकत की रात थी और ग़म आ जुड़े,
जाने किस हालात पर अपनी बेतहाशा हँसी निकली।

गर तुम दुश्मन होती तो क्या बुरा होता
मान-दे दुश्मनी तेरी यह दोस्ती निकली।

कहा था चाँद तारे होंगे आसमां पर हज़ारों,
न कोई चाँद न सितारे बे-नूर चाँदनी निकली।

रास्ता तो था पर मन्ज़िल न मिली मुझे,
जाने किस राह पर थी मेरी आशिकी निकली।

ज़िन्दगी ने कहा.......

ज़िन्दगी मुझ से मिली थी
हाथ भी उसने मिलाया था,
पर वो पल जाने कहाँ गया
ज़िन्दगी का वो तो बस साया था।
हाथ की लकीरों को देखता हूँ
उन में शायद ज़िन्दगी हो सोचता हूँ,
राहें तो बहुत हैं किस पर चलूँ?
किसको ढूँढूँ किस से मिलूँ?
सुरंग के पार रोशनी होगी,
खड़ी वहाँ मेरी ज़िन्दगी होगी।
खुद से दूर इंसां कैसे रहे?
अपने ग़म वो किस से कहे?

इल्तजा है एक सहारा मिले,
मेरी सफ़ीना को एक किनारा मिला
अगले मोड़ पर शायद फिर मिले,
गले लगाकर वो मुझ से कहे

तुम से तुम को फिर मिलवाती हूँ,
राज़-ए- ज़िन्दगी समझाती हूँ,
जुस्तजू से ही तकदीर बनती है,
हाथों में कभी नई लकीर भी बनती है।

मेहमान.............

तेरे नाम का चिराग
है दिल में जला लिया।
तेरे एहसासों से मैंने
घर अपना सजा लिया,
जो अब तक था बस मकां
इसे है अब घर बना लिया।
दिया था एक गुल तूने मुझे
मैनें है अपना गुलिस्ताँ बना लिया।
तेरे ख़्यालों को लेकर
है अपना जहाँ बना लिया।
आँचल जो लहराया तेरा
नीला एक आसमाँ बना लिया।
तेरे तसव्वुर को दिल ने
है अपना मेहमान बना लिया।
राह भी है मन्ज़िल है सामने
मोहब्बत का है कारवां बना लिया।

तुम आ सकती हो

तुम आज भी मुझ से
मिलने आ सकती हो,
मगर साथ लाना न भूलना
उन लम्हों को जो मिलकर जिए,
आब-ए-हयात के जाम
जो तेरे हाथों ने मुझे दिए।
दो दिल हमारे मिलते थे जब,
गुल खुशियों के खिलते थे जब,
आलम मदहोशी का होता
लबों से लब खिलते थे जब।
तेरे रेशमी दुपट्टे से
जन्नत की खुशबू पाता था मैं,
बंद आँखों को न खोलने की
कितनी कसमें खाता था मैं।

उन ख़तों को भी लेते आना
जो थे मैंने तुझे लिखे,
उन ख़्वाबों की कहानी

जो हर रात थे मुझे दिखे,
वो दिल लाना न भूलना
जो कभी था तेरा हुआ,
दर्द उन लम्हों का
जो अलविदा ने मुझे दिया,
तुम आज भी आ सकती हो
मुझ से मिलने
मगर....।

अल्फ़ाज़-ए-ख़ुदा

वो हँसी तो जहां खिल गया,

मुझे नया आसमां मिल गया,

वो छोटी सी मुलाकात थी

पर बहुत बड़ी बात थी।

नया मोड़ था ज़िन्दगी का

आगाज़ था हमारी आशिकी का

नज़रों से बस नज़रें मिलीं,

जाने क्यूं कुछ कलियाँ खिलीं।

वो लम्हे बहुत खास थे,

एहसासों से मिले एहसास थे,

आंखें झुकीं हया छा सी गई,

जाने किस बात पर वो शरमा सी गई,

जाते-जाते वो रुक सी गई,

मेरी ओर हल्की सी झुक सी गई,

कल मिलेंगे ये उसने कहा

मुझे लगा वो थे अल्फ़ाज़-ए-ख़ुदा।

वक्त की कैद

वक्त की कैद में
मैं खुद से मिला
बह गया था वक्त की रफ्तार में,
उलझी थी ज़िन्दगी कांटों की तार में,
जीने की चाह में बस मरता रहा
खुद से मैं हज़ारों फ़रेब करता रहा
एक पल ना मैंने खुद को दिया,
जो न था मेरा वो भी मैंने लिया,
यूँ भागा मानों कल न था
आराम का कोई भी पल न था,
दिल को दिल से कोई राह न थी,
किसी रिश्ते की कोई चाह न थी,

बस मैं था मेरा ही जहां था,
जमीं थी, मेरा पूरा आसमां था,
खुदा से ऊँची मेरी आवाज़ थी,
शाहीन से मेरी परवाज़ थी,

कोई इनसान मुझ को भाया न था
मैं ही था मेरा कोई हमसाया न था
कायनात को मैं बरहम करता गया
हर चीज़ को अपनी मुट्ठी में भरता गया।

क्यूँकर

मोहब्बत में जफ़ा का इन्तकाम क्यूँकर
मिलता है दर्द-ओ-ग़म का सामान क्यूंकर।
अभी तो आए कुछ देर तो बैठो
करके आए हो जाने का इन्तज़ाम क्यूँकर।
ख़त तो उसका है मेरे हाथों में मगर
मिलता नहीं दिल को कोई प्याम क्यूँकर।
अभी-अभी तो शुरू हुआ था हमारा अफ़साना
किस्सा हुआ यूँ हमारा तमाम क्यूँकर।
वो तो मिली बड़ी बे-दिली से मुझे
करता है दिल इतना एहतराम क्यूँकर।

महफ़िल में है हर हाथ में एक जाम
मिला न साक़ी से मेरा जाम क्यूँकर।
रखा था अपनी मोहब्बत को एक राज़ ये हमने
शहर में हुआ यह किस्सा आम क्यूँकर।
वफ़ा न निभाई तुमने यह तो सच है मगर
बदनामी चस्पा हुई बस मेरे ही नाम क्यूँकर।

राज़-ए-मोहब्बत

ग़म मोहब्बत, मोहब्बत ग़म से जुदा नहीं
डूबा न हो जिसमें, ऐसा तो कोई दरिया नहीं।
मिले हैं, मिलते रहेंगे हमेशा हम
ज़िन्दगी का ऐसा होता सिलसिला नहीं।
उल्फ़त में मिलेगी मसर्रत ही मसर्रत
आशिकी का ऐसा कोई फलसफ़ा नहीं।
कत्ल तो मेरा होता देखा लोगों ने
सामने आता क्यूँ कोई गवाह नहीं
अश्क होने न दूँगा आँखों से रवां
दर्दे दिल की होती कोई इन्तहा नहीं।
किस जाम की हसरत लिए आए हो यहाँ
यहाँ तो दिखा कोई भी मैयकदा नहीं
क्यूँकर पहुँचेंगे मंज़िल-ए-मक़्सूद तक
जिस कारवाँ की अभी हुई इब्तिदा नहीं।

एक हसीं दास्तान

जब सिर मेरा तेरे शानों पर
जाने मैं होता हूँ कहाँ
बे-खुदी के आलम में,
होता है किसी जन्नत का गुमान
तुम मेरी बाँहों में होती हो
सिमट आता हैं सारा जहां,
तेरे रेशमी गेसू घने
काली घटा छाने का समाँ
तेरे होठों को छूता हूँ
एक गुलाब को पाता हूँ वहाँ
और दो आँखों में
बिछ जाता है नीला आसमां,
खुशबू तेरे हसीं बदन की
खिलता है महकता गुलिस्तां
क्यूँ न मदहोश हों हम
तूफान से उठते हैं कितने अरमां
न खत्म हो यह एहसास-ए-उल्फ़त
लिख लूँ मैं ज़िन्दगी की
ऐसी एक हसीं दास्तान।

दोस्ती और हम

आदत तो अलग है हमारी दुनियावालों से
कम दोस्त मगर लाजवाब रखते हैं।
माला तो छोटी होती है मेरी
परो कर फूल फ़क़्त गुलाब रखते हैं।
कल क्या था क्या होगा न पूछ हमसे
हम तो सिर्फ आज का हिसाब रखते हैं।
माना तुम हो जवां और बेहद हसीं
न भूल आशिक भी कुछ शबाब रखते हैं।
पी सकते हैं सारी रात बैठकर लेकिन
कल के लिए बचाकर कुछ शराब रखते हैं।
तुम तो खिलती हो बस बहारों में
हम ख़िजां में भी खुशनुमा हालात रखते हैं।
शायरी का ज़्यादा शौक नहीं है मुझे
तेरे गुल के लिए एक गज़ल की किताब रखते हैं।
तुम जाते हो तो जाओ कोई ग़म नहीं
दिल में हम भी पत्थर से जज़्बात रखते हैं।
तुम मशहूर करती हो फसाना ज़माने में
हम तो दिल में ही दिल की बात रखते हैं।

आना और जाना

बाद-ए-सहर में पाई है उसके आँचल की खुशबू
वो आ रहे हैं, आ रहे हैं।

शाख़-ए-नाजुक गुले लाला की झुकी जा रही है
वो शरमा रहे हैं, शरमा रहे हैं।

उठा है एक नगमा तार-ए-रूबाब से
वो मुस्करा रहे हैं, मुस्करा रहे हैं।

देखो माह-ए-कामिल हुआ जाता है गरूब
वो जा रहे हैं, जा रहे हैं।

रहमत

शिद्दत से माँग तू, वो अता फ़रमाएगा
पूछ रास्ता उससे वो मंजिल दिखाएगा।
मुश्किलें हों तेरी इस राह में अगर।
वो तेरे लिए नया रास्ता बनाएगा।

बना ले दिल से अपना उसे तू।
वो दिल से तुझे भी अपना बनाएगा।
है परेशानियों से रू-ब-रू गर तू
उलझन तेरी वो खुद ही सुलझाएगा।

झुक कर सजदा कर उसे दर पे जाकर।
दोनों हाथों से तुझे वो खुद उठाएगा।
जी ज़िन्दगी अपनी बस उसकी रज़ा में।
झोली रहमत से वो तेरी भरता जाएगा।

ग़म की दुकान

आ ज़ीस्त को परेशान कर लें,
उसके आने का फिर गुमान कर लें,
बेरोज़गारी है कई दिन से
शहर में ग़मों की दुकान कर लें।

जमाएँ महफ़िल शब-ए-हिजर में,
यूं हसरतों को परेशान कर लें।
इन चाँद तारों का क्या है फायदा,
तारीक अपना यह आसमान कर लें।

वीरानी दिल की तो देखें कुछ लोग,
चिरागों से रोशन अपना मकान कर लें।
एक सलीके से जिएँ हम यह ज़िन्दगी
दर्द-ओ ग़म को घर का मेहमान कर लें।
शिकवा हो न गिला किसी से अब
ज़ब्त अपनी हम यह जुबान कर लें।

BANNU

1. I was born in BANNU on 30th APRIL, 1941 perhaps in mission Hospital in Bannu Cantt area.

2. BANNU Town is central part of KHYBER PAKHTUNKHWA (OLD NWFP) It is just south of KURRAM RIVER The nearby AKRA mountains have revealed finds dating back to about 300 B.C. In the ancient and medieval times the KURRAM - BANNU route into INDIAN SUBCONTINENT. was used by the invaders from the North West.

2. In recorded history it was founded by Lieutenant-(later SIR) HERBERT EDWARDES in 1848 as a military base. The town was named DALIP NAGAR AND then EDWARDESABAD in 1869. In 1903 its name was changed to BANNU.

3. BANNU lies at the centre of circular fertile place plains hemmed in by low hills and is drained by the KURRAM river and its tributary. Main crops are wheat, corn and Barley. I remember very well that I house was always full of dry fruits in SHAKORES, (came flat baskets). So such Trees must be plentiful extending into Afghanistan.

THE TOWN OF BANNU.

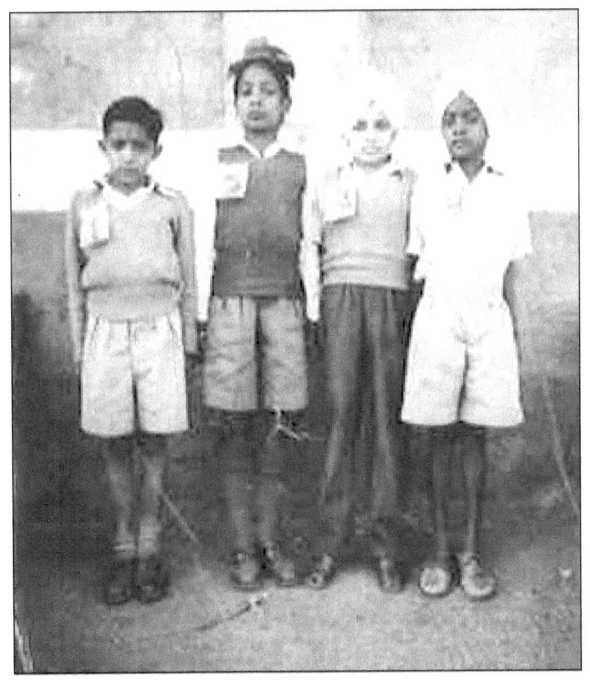

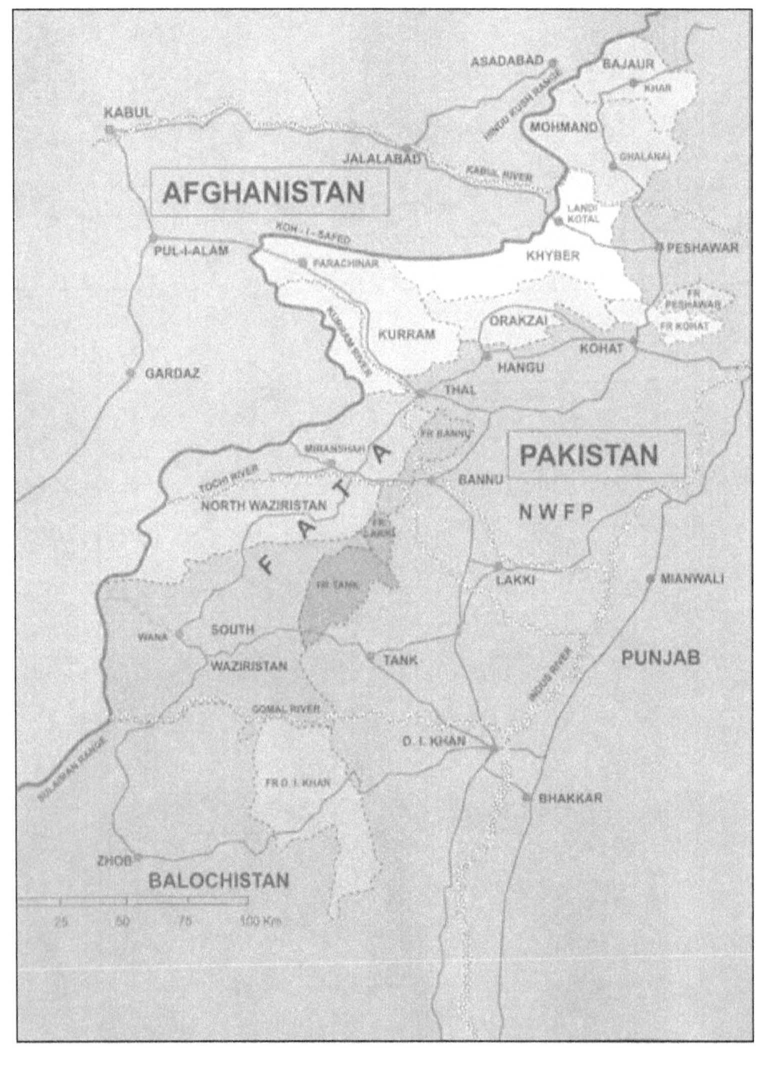

KABUL
ASADABAD
BAJAUR
KHAR
HINDU KUSH RANGE
MOHMAND
GHALANAI
JALALABAD
KABUL RIVER
AFGHANISTAN
LANDI KOTAL
KOH - I - SAFED
PUL-I-ALAM
KHYBER
PESHAWAR
PARACHINAR
FR PESHAWAR
FR KOHAT
ORAKZAI
KURRAM
KOHAT
KURRAM RIVER
HANGU
GARDAZ
THAL
FR BANNU
MIRANSHAH
PAKISTAN
F A T A
TOCH RIVER
BANNU
NORTH WAZIRISTAN
NWFP
FR LAKKI
FR TANK
MIANWALI
LAKKI
WANA
SOUTH
WAZIRISTAN
TANK
PUNJAB
GOMAL RIVER
INDUS RIVER
SULAIMAN RANGE
D. I. KHAN
FR D. I. KHAN
BHAKKAR
ZHOB
BALOCHISTAN
25   50   75   100 Km

राज़दां

रात की सिहाई में तन्हा होना,
दर्द-ओ-ग़म का यूँ बे-इन्तहा होना।
तुम तो चली गईं अलविदा कहकर,
मेरा दिल जानता है क्या होता है जुदा होना।
तेरे वादों को याद करता हूँ मैं,
अब भी नहीं चाहता तुझसे बदगुमान होना।
तेरी चाहत का असर तो बाकी है अभी,
हर बार रोकूँगा अपने अश्कों का रवां होना।
तेरा तसव्वुर तेरी तसवीर है मेरे सामने,
पर मुमकिन नहीं लगता तेरा मेरा एक जां होना।
कातिल हो तुम यह सब जानते हैं मगर,
कोई तुमसे सीखे मासूमियत से यूं बेगुनाह होना।
तेरे ख़त तो जला दिये हैं मैंने पर,
मुश्किल है तेरे मीठे अल्फ़ाज़ का हवा होना।
न कहूँगा ज़माने से कभी आशना थे हम,
कभी समझोगी तुम क्या होता है यूं राज़दां होना।

कहानी-अलविदा की

सुनो बात है एक रात की,
एक रात की एक मुलाकात की।

रात पुर-नूर थी, चाँद अपनी रवानी पे था,
चाँदनी थी छिटकी हुई, हर ज़र्रा जवानी पे था।

बात है ऐसे नज़ारात की,
एक रात की मुलाकात थी।

मैं गुलशन में था एक खुशबू सी उड़ी,
धुली सी चाँदनी में वो सामने थी खड़ी।

आँखों से आँखें मिलीं दिल से दिल मिले,
गुलशन में हर सू हज़ारों गुल खिले,

बात है ऐसे जज़्बात की
एक रात की एक मुलाकात की।

हर रात मिलते रहे दो जाँ एक हो गए,
वक्त की परवाज़ में हम दोनों खो गए।

लबों पे लब जुल्फें शानों पे गिरती रहीं,
आरज़ू मचलती रही, सांसें झुलसती रहीं,

बात है ऐसे हालात की
एक रात की एक मुलाकात की।

दिन गुज़रते रहे, हम रहे जहाँ से परे,
उसी गुलशन में हम दोनों एक रात थे खड़े।

चाँद फिर अपनी जवानी पे था तारे थे गड़े,
ठंडी हवा में चमेली के गुल थे उड़ रहे।

बात है तारों की बारात की
एक रात की एक मुलाकात की।

पर उस रात थी वो कुछ सहमी हुई,
ख़ामोशी के आलम में वो बेखुद सी खड़ी।

आँखों से उसके गिरी आँसुओं की एक लड़ी
मेरे कांधे पर लगकर वो सिसकने लगी।

मैंने पूछा उससे है क्या हुआ?
लेती हूँ अलविदा तुम से यह उसने कहा........।

सुनो बात है इक रात की
एक आख़िरी मुलाकात की........।

अनंत यात्रा

रात के तीजे पहर
एक ठन्डी लहर
आए और
तुम्हें जगा जाए........।
ठन्ड में सिमटकर,
चद्दर में लिपटकर,
तुम न सो जाना प्रिय
करवट बदलकर,
हल्के से मुझे बुलाना
और देख लेना कि
मैं हूँ के हूँ भी नहीं.....।
सात फेरे सात प्रण
जो हमने-तुमने लिए
हँसी-खुशी सुख-दुख के
लाखों पल हमने जिए.....
जीवन के इस मोड़ पर,
राह के अन्तिम छोर पर,
हो विदाई एक स्पर्श से

जो संजोए अथाह हर्ष से......
अनंत यात्रा के पथ पर
अग्नि के रथ पर........
अन्तिम ऋण चुकाकर
न कुछ भुलाकर
विदा तो लेनी होगी प्रिय...
अग्नि होगी प्रबल
नयन होंगे सजल
पर एक बार
मुड़कर देख लेना
फिर जीवन समेट लेना.....
मैं रुकूँगा अगले
छोर पर
जब तुम मुड़ोगी
आखिरी मोड़ पर,
अनंत काल के यात्री
फिर मिलेंगे
नए हर्ष से,
एक नए स्पर्श से,
और चल चलेंगे
एक नई अनंत यात्रा पर।

मेरे आख़िरी अल्फ़ाज़

दिल की गहराइयों में
सिमटकर बैठ जाते हैं एहसास,
लिहाफ़ ओढ़कर सिसकती है आरज़ू क्यूँके
वीरानियों से नहीं हो सकती कोई बात।
लाज़िम है शुरू हो जाए
अल्फ़ाज़ों का सिलसिला,
जो मिटा दे दरमियाँ की दूरियाँ
और न रहे कोई बीच का फ़ासला।
अल्फ़ाज ही तो बनाते हैं
हमारी खुशियों की ज़िन्दगी
और अन्धेरी रातों में जलती है शमां
फ़ैलाने के लिए चाहत की रोशनी।
हज़ारों अल्फ़ाज़ होते हैं फ़िज़ा में
मगर दो चार ही होते हैं
जो देते हैं तुम्हारी रूह को सुकूँ
कहो किसी से मुझे मोहब्बत है तुम से
और देखो किस तरह कायनात
तुम पर होती है मेहरबान।

गुज़ारिश

गुज़ारिश है मेरे ख़्वाबों को सजा दो।

मेरी हर शब्ब खुशियों की शमां जला दो।

मैं सोचता हूँ तुम्हें मोहब्बत है मुझ से

मेरे इन ख़्यालों को हकीक़त तुम बना दो।

मेरा घर भी महके एक गुलशन की तरह

चाहत के गुलों को मेरे दयार में भी ख़िला दो।

जिस हवा में हो तेरे बदन की खुशबू

उन हवाओं को मेरा सू भी भिजवा दो।

हो खुशियों के शिखर राह पर हज़ारों

एक ऐसी राह तुम मुझे भी दिखा दो।

ज़माना तो करेगा बहुत बातें मगर

न तुम ऐसी बातों को कभी हवा दो।

क्यूं रहें हमारी ख़्वाहिश अधूरी

अपने लबों को मेरे लबों से मिला दो।

हो जाएं गुम रात की तारीकियों में

गरम सांसों से तुम यह शमां भी बुझा दो।

क्यूँ नहीं

दोस्त तो हैं हम सब पर दोस्ती क्यूँ नहीं,
दीया जलाया नहीं पूछते हैं रोशनी क्यूँ नहीं।

जीने का जज़्बा तो मिटा रखा है तुमने,
हैरत में हो खुशग़वार यह ज़िन्दगी क्यूँ नहीं।

पेंच दर पेंच डालते हैं अपने ख़्यालों में हम
और पूछते हैं इस ज़माने में सादगी क्यूँ नहीं।

तहज़ीब रस्म-ओ-रिवाजों ने कहा बज़्म में
बंदे तो हैं बहुत मगर बंदगी़ क्यूँ नहीं।

नज़रें झुकती थीं ज़रा सा आँचल फिसलने से
सरे-बाज़ार लुटती है आबरू शरमिन्दगी क्यूँ नहीं।

बहार है आई और हवा में भी है नमी
गुलशन गुल-ओ-गुच्चों में ताज़गी क्यूँ नहीं।

दिल भी है और दिलदार भी हैं महफ़िल में
वो कहके, ज़िन्दा-दिली, वो दिल्लगी क्यूँ नहीं।

हर रात सजते हैं जाम मैखानों में अब भी
साक़ी भी है, मै भी, फिर वो रिन्दगी क्यूँ नहीं।

तलब रह जाती है बाक़ी शराब खत्म होने तक
मैय तो अब भी है मीना में वो तिशनगी क्यूँ नहीं।

मंदिरों में अब भी सजे हैं राधा और कृष्ण
रूह को छूती थी जो आवाज़-ए-बांसुरी क्यूँ नहीं।

याद-ए-सनम

लो आई है सर-ए-शाम फिर याद-ए-सनम,
वो मिली भी नहीं हुआ जाता है एहसास-ए-सितम़।
परवाज़-ए-शाहीन हुआ करता था वक़्त-ए-मोहब्बत,
कितने लम्बे है अब शब-ए-फिराक के ग़म।
तारीकियां फैली हैं हर सू मेरे इस जहां में,
कमर-ओ-कहकशाँ के राशम भी हुए जाते हैं पुरनम।
तन्हाइयां भी पड़ गईं अकेली मेरी अन्जुमन में,
बना है एक सेहरा मेरा दैर-औ हरम।
न कोई महफ़िल न किसी नग़मे की गूँज यहाँ,
ला-आवाज़ हो गई हैं शहनाइयों की सरगम़।
न कोई बादल न किरन न कोई चमकता है आफ़ताब,
किस आसमाँ का होगा मुझ पर रहम-ओ- करम।
कौन जी सकता है कितना ख़्वाबों की दुनिया में,
हकीक़त कर देती है ख़्वाब को जल्द ही बरहम।

क्या यही मोहब्बत है?

रात की सिहाई में दिल घुलता है,
शम्मां की लौ में हर शब्ब परवाना जलता है,
क्या यही मोहब्बत है?
बुनते हैं ख़्वाब को कितने इरादों से,
बिखर जाते हैं टूटे हुए वादों से।

मिलते हैं दिल कितना जुनून होता है,
जाने क्यूं फिर अरमानों का खून होता है,
दूर हो जाते हैं अपने जुनूनों से,
खुदा भी खुश नहीं होता मन्नतों से,
थम जाती है रफ्तार ज़िन्दगी की,
बुझ जाती है शम्मां रोशनी की,
दिल तड़पता है किसी की चाहत के लिए,
फिर माँगता है दुआ ग़मों से राहत के लिए,
हर हाथ में मोहब्बत की लकीर नहीं होती,
बन जाओ किसी के सनम वो तकदीर नहीं होती।

मिले दिल को सुकूं ऐसा मुकाम नहीं होता,
बताओ किस कहानी में किस्सा तमाम नहीं होता,
क्या यही मोहब्बत है?
हाँ, बस यही मोहब्बत है !

क्या करूँ?

जिसे लिखा मैंने बड़े शौक से,
इस नगमा-ए-वफ़ा का क्या करूँ?
तूने किए थे मोहब्बत निभानें के वायदे,
तेरे तोहफ़ा-ए-जफ़ा का क्या करूँ?

नादान दिल को तो मना लूँगा,
इन अश्क-ए-रवां का क्या करूँ?
चाहा था मिले गुलशन को बहारें,
अब आई है ख़िज़ाँ का क्या करूँ?

हम-जां होने का था वायदा तेरा,
अब इस फासला-ए-दरमियाँ का क्या करूँ?
एक चाँदनी रात बस मांगी थी मैंने,
तारीक स्याह आसमाँ का क्या करूँ?

कहा था तूने साथ होगा उम्र भर का,
तेरी उस झूठी रज़ा का क्या करूँ?
दुनिया की हर शै हासिल है मुझे,
जिस में तू नहीं उस जहाँ का क्या करूँ?

सोचा था बाद-ए-सबा मिलेगी मुझे,
जलाए जो दिल को ऐसी हवा का क्या करूँ?
अजल का दामन पकड़ना तो है आसान,
मगर जीने की इस सज़ा का क्या करूँ?

35

ख़ुदा की कसम

कभी न छोड़ेंगे हम,

है ख़ुदा की कसम,

कभी कहा था तुमने,

क्या याद है तुम्हें!

यादें हमारी बातों की,

कहानियाँ चाँदनी रातों की,

मस्ती में इधर-उधर जाना,

पुराने मीठे गाने गुनगुनाना,

दो टिकटें एक कोने की,

खुशियाँ बस साथ होने की,

मज़ा मेले में जाने का,

मेरा हाथ से चाट खाने का,

चाँदनी रातों में तनहाइयाँ,

ठंडी बहती हुई पुरवाइयाँ,

मेरे शोख़ बालों को सजाना,

मुझे छू जाने का कोई बहाना,

फिर एक दिन

पतझड़ का आ जाना,

तुम्हारा बस चले जाना,

है ख़ुदा की कसम,
कभी न छोड़ेंगे हम,
कहा था तुमने एक दिन
क्या याद है तुम्हें!

मेरा मेहताब

इश्क चीज़ क्या लाजवाब है,
हुस्न को मनाती ला-हिजाब है,
हर लफ़्ज़ लगता है उसका नाम,
क्या अजब यह इश्क की किताब है,
होता क्या है यह तो पता नहीं?
पर होता कुछ तो बे-हिसाब है,
चाहे हर सू हो मौसम-ए-ख़िज़ाँ,
दिल में तो खिलता सुर्ख गुलाब है।
दिल मसर्रत से होता है लबरेज़,
जाने रहता कुछ-कुछ वो बेताब है।

साक़ी देती है जाम के बाद जाम,
न पिलाती वो जो तेरी आँख की शराब है।
रात गुज़रे और आ जाए सहर,
मेरी हर सुबह का तू ही आफ़ताब है।
गेसुओं से घिरा है तेरा चेहरा,
न देखूं कोई चाँद, तू ही मेरा मेहताब है।

कुछ सवाल

अभी तो आई हो फिर जाती क्यूँ हो?

दिल-ए-बेताब को लेकर यूँ आती क्यूँ हो?

दिल तो है नादान समझना नहीं चाहता,

ऐसे दिल को आखिर समझाती क्यूँ हो?

नज़रें मिली हैं तो मिली रहने दो,

इस तरह नज़रों को तुम चुराती क्यूँ हो?

उलझनें बैठी हैं दिल में तुम्हारे मेहमान बनकर,

मेहमान इस तरह के तुम बुलाती क्यूँ हो?

खुशियाँ बेताब हैं तेरे दामन से लिपटने को,

नायाब तौहफ़े तुम इस तरह ठुकराती क्यूँ हो?

एहसास-ए-मोहब्बत तो है तुम्हारे दिल में,

कह दो मुझ से यूँ शरमाती क्यूँ हो?

यह महफ़िल है तुम्हारी आ जाओ ओ बेधड़क,

कदम क्यूँ रूके हैं यूँ डगमगाती क्यूँ हो?

यहाँ रुक जाए बस कारवाँ तुम्हारा,

कोई और सिलसिला-ए-ज़िन्दगी बनाती क्यूँ हो?

हर चाहत तुम्हारी होगी मुक्म्मल यहाँ,

कोई और शै ज़माने की चाहती क्यूँ हो?

दिल और मैं

आ बैठ दिल मेरे पास कुछ बतियाने,

इस गुफ़्तगू में अपने ग़म को छिपा लें,

ला-आब है अब तो दरया-ए-ज़िन्दगी,

दो चार आँसू क्यूँ न इसमें बहा लें,

चल आ लिखते हैं रेत में उसका नाम,

फिर रंजिश की लहरों में उसको मिटा लें,

मोहब्बत में मिली थी एक मुट्ठी खुशियाँ,

आ मकाँ के किसी कोने में उन्हें दबा लें।

पूछें सवाल ऐसे के न हों कोई जवाब,

सीधा बेबाक उनका यूँ इम्तिहाँ लें,

क्यूँकर चाहता है ए दिल तू सुकूं,

ढूँढ़ कहीं दर्द-ओ-ग़म की दुकाँ लें,

होश में न रहने देगी आज की शब्ब हमें,

साक़ी से ऐसा वायदा और ज़ुबाँ लें।

आइना

झूठ कभी बोलता नहीं आइना,
सच झूठ तोलता नहीं आइना,
जो सच है वही दिखाएगा,
वक्त की झुरियाँ नहीं छिपाएगा,
जो सामने है वही दिखाएगा,
गर समझ सको तो समझाएगा,
चाहे कितने टुकड़ों में तोड़ो उसे,
उतने और चेहरे फिर दिखाएगा,
हर चेहरा यही बताएगा,
वक्त से ना कोई बच पाएगा,
बदलो चेहरे चाहे कितने तुम,
आइने से कोई झूठ न कह पाएगा,
खुद से न खुद को छिपा,
आइने को तू सब सच बता,
मैंने खुद से मुँह फेरा नहीं,
मेरा और कोई भी चेहरा नहीं।

जाने कहाँ देखता हूँ

जहाँ मिली थी तुम मुझे,
खुद को बस वहाँ देखता हूँ।
हर शै है नज़र में मेरी,
तुम ही तुम हो मैं जहाँ देखता हूँ।
चश्म तेरे आऐं तस्सवुर में,
गहरा नीला आसमाँ देखता हूँ।
तेरे लबों की नमी क्या कहूँ,
गुलाब पे शबनम रवाँ देखता हूँ।
मेरी ज़ीस्त में तू है शामिल,
बाकी दुनिया बिराँ देखता हूँ।
राहे ज़िन्दगी तो वही है मगर,
बढ़ता हुआ अपना कारवाँ देखता हूँ।
तुम हो हम-सफर हम-कदम,
खुशी से भरा दिल-ए-नादां देखता हूँ।
ज़िन्दगी किसी जन्नत से कम नहीं,
ख़्वाब हैं बने हकीक़त ऐसा समाँ देखता हूँ।

क्या होगा

क्या होगा शम्मा बुझा लूँ अगर?

दिल का अंधेरा बढ़ा लूँ अगर?

क्या दिल उसका भी मान जाएगा?

अपने दिल को मैं मना लूँ अगर,

जिन्दगी का पेंच सुलझेगा क्या?

मोहब्बत की उलझन सुलझा लूँ अगर,

क्या ग़म दूर चले जाएंगे मुझसे?

प्यार से उनको मैं समझा लूं अगर,

यादों की महफ़िल सजेगी क्या?

मजमाँ दर्द-औ-ग़म का लगा लूं अगर,

साक़ी तो खुश होगी ज़रूर,

उसके जाम से प्यास बुझा लूँ अगर,

बस्ती में रोशनी कुछ देर तो होगी,

मकान अपना मैं जला लूं अगर,

मुझको देखने वो आएंगे क्या?

अपनी हस्ती को मैं मिटा लूँ अगर।

ऐसा क्यूँकर !

वफ़ा की नींव रखी थी गहरी मैंने,
तो गिरा मेरा ही मकां क्यूँकर।
रोशनाई तो थी अल्फ़ाज़-ए-मोहब्बत में,
तारीकी में डूबा मेरा जहां क्यूँकर।
मंज़िल तो थी बस मेरे सामने ही,
पर न पहुंचें मेरे कदम वहाँ क्यूँकर।
दिया तेरे हर सवाल का जवाब मैंने,
फिर है मेरा यह इम्तहान क्यूँकर।
हमदर्दी तो एक गैर भी देता है इतनी,
निकले हैं बेमुरव्वत मेरे पासबाँ क्यूँकर।
चश्म से अश्क-ए-रवाँ तो देखे हैं सबने,
हुआ ज़माने को वाज़िया मेरा दर्दे निहाँ क्यूँकर।

जिसकी गवाही ने किया था मुझे मुजरिम करार,
वो हुए हैं आज मुझ पर इतने मेहरबान क्यूँकर॥
मेरे ख्यालों से गुज़रना था नागवार उनको,

बैठे हैं वो मेरे घर में बने मेहमान क्यूँकर॥

मंज़िल का पता भी न बताया जिसने मुझे,

अगले मोड़ पर खड़े हैं वो बने रहनुमा क्यूँकर।

वो बेवफ़ा हैं बता सकता था ज़माने को मैं,

कुछ न कहा मैंने रुक गई थी जुबान क्यूँकर।

दिल-ए-चूर

किया हूँ दिल-ए-चूर को चिरागाँ,
उनकी राह में रोशनी के लिए,
हासिल न हुई मन्ज़िल-ए-मकसूद मुझे
हर ग़ाम मैं जलूँ ज़िन्दगी के लिए।

हस्ती-ए खुद से हो चुका तगाफुल हूँ मैं,
न कोई तमन्ना अब किसी ज़िन्दगी के लिए,
वफ़ा के पैकर को मैंने शिकस्ता देखा,
मंज़ूर नहीं कोई और बुत बंदगी के लिए,

हम नवा थी साक़ी महफ़िल थी जवाँ,
आलम था जुनून था सही ज़िन्दगी के लिए,
जाम लबरेज़ था साक़ी के हाथ में,
लब-ए-ग़ैर की खतिर, ना मेरी तिशनगी के लिए।

रास्ता

पीता है तो पी मगर
शराब से बनती बात नहीं।
जला हज़ारों चिराग तू
चाँद तारों बिन रात नहीं।
देखना है दूर तो
अपने अंदर देख ले,
इन बुतों को क्या देखना,
रुहानी मंज़र देख ले
वाईज़ तुझे दिखाएगा
बस झूठा ही रास्ता
कहेगा छोड़ तर्क दे हर शै
खुद रखेगा हवस से वास्ता
किस-किस की सुनोगे तुम
महसूस उसका एहसास कर
बस बना ले तू रब्ब को अपना
और उस पर मुकम्मल कर।

धुँधला सितारा

जिसमें था तामीर मेरा नशेमन
सुबहों में वो शिज्जर ही ढह गया।

वक्त की आँधी यूँ चली के
मेरा मुकद्दर, मेरा जहाँ संग बह गया।

अगले मोड़ तक ही है बस मेरा साथ
मेरा हमसफ़र इतना तो कह गया।

उसके अल्फ़ाज़ तो थे तीर की तरह
जाने कैसे यह दिल वो ज़द भी सह गया।

बारात थी आसमां में चाँद सितारों की
न रही चाँदनी बस एक धुँधला सितारा रह गया।

दर्द-ए-दिल

है मोहब्बत तो इकरार-ए-वफ़ा भी हो,
तेरे लहराते आँचल से आती ठन्डी हवा भी हो।

पाएँ रंग-ओ-ख़ुशबू गुलों में हम,
नमी हो हवा में, बहारों की रज़ा भी हो।

वाईज़ ने जो की थी बातें इधर-उधर की,
फायदा तब जब मज़लूम में कोई फ़लसफ़ा भी हो।

तमाशे तो बहुत हैं शहर में जगह-जगह,
देखने तो वहां जाएँ जहाँ कुछ जलवा भी हो।

देखा न था उसने मेरी तरफ और चल दिए,
क्या सुनता गर उसने कुछ कहा भी हो।

बेपनाह मोहब्बत है मुझसे यह उसने कहा,
क्या पता उसके वायदा-ए-वफ़ा में जफ़ा भी हो।

करोगे मोहब्बत तो दिल टूटना है लाज़िम,
किताब-ए-वफ़ा में शायद इसकी सज़ा भी हो।

ग़म मिलें हैं तो सजा ले उन्हें अपने दिल में,
क्या मालूम तुझे दर्द-ए-दिल में मज़ा भी हो।

ढलता आफ़ताब.........

दूर की पहाड़ियों में ढल जाता है आफ़ताब,
सिमट आता है अंधेरा घर की दिवारों में
और
उभर आता है काजल दीये की लौ से।
जो जलता है वहाँ
पर मिट सकता है कहाँ
अंधेरा
उसकी रौशनी से
और मेरी ज़िन्दगी से,
यह अंधेरा कभी जाता नहीं,
मैं रोक पाता नहीं,
तुम्हारी यादों को,
जो उभर आती हैं
लौ के जलने के साथ
और आफ़ताब ढलने के बाद।

तेरा एहसास

हुई हम-आग़ोशाँ हमगर शरमा सी गई,
दिल की राह में कंदीलें जला सी गई,
घटा छाने लगी नीले आसमां पर
ज़ुल्फ़ों के ख़म जो वो हिला सी गई।

अनबुझी सी प्यास थी बाकी ज़िन्दगी में,
आब-ए-हयात वो आकर पिला सी गई।
बाद-ए-सबा तो आती थी हर रोज़ मगर,
आज वो हवा में खुशबू मिला सी गई।

शरारतन मैंने रोका उसको जाते-जाते
किस खूबसूरती से वो अपना दामन बचा सी गई।
सुना है कल शाम चर्चा था उसका बज़्म में,
क्या खबर थी जो मेरे दिल को धड़का सी गई।

जाने कितनी रातें मैं सोया न था
अपनी बाँहों में वो मुझ को सुला सी गई।

कलियों की बारिश हुई मेरे आँगन में कल,
किस शिजर की शाख़ को वो हिला सी गई।

ग़मज़दा और वीरान थी ज़िन्दगी मेरी,
अल्फ़ाज़-ए-ग़म को मेरी किताब से मिटा सी गई।
आओ कर लो कुछ उल्फ़त की बातें मुझसे,
सुनकर आँचल को लबों में दबा सी गई।

ज़हर

न सुरूर आया साक़ी की मय से मुझे
कुछ ज़्यादा मिला अब मेरे जाम में है।

ज़ख्म देकर न मिलेगी तुझे वो तसल्ली,
जो मज़ा ज़ात-ए-खुद से लेना इन्तकाम में है।

ऐ दिल चल चलें इस काबे से दूर,
सब कुछ झूठ इस अल्फ़ाज़-ए-इमाम में है।

आज की रात न दिखेगा चाँद मुझे,
फैला हर सू धुआँ आज की शाम में है।

ऐ दिल याद न कर उसको कभी,
एक ज़हर सा घुला उसके नाम में है।

उस की बात

माह-ए-कामिल था पुर-नूर की रात थी,
जाने क्यूँ तेरे चेहरे की बात थी,

गेसू खुले तेरे हुआ बारिश का गुमाँ
न कहीं घटा न कहीं बरसात थी,
ढूंढता हूँ खुद को तुझसे मिलने के बाद,
जाने वो कैसी तिलस्मी मुलाकात थी।

न तलवार थी न खंजर था हाथ में,
आँखों से कत्ल की हुई वारदात थी।
मसर्रत छाई थी हर जगह आसमाँ में,
घूम कर निकली थी तारों की बारात थी।

दी ग़ज़ल की किताब उसने पैगाम़ लिखकर
न पूछे कितनी अनमोल मिली वो सौगात थी।
वो मिलें हैं मुझे, मिला हैं सारा जहाँ
न चाहत किसी मोती-ओ-गोहर, जवाहारात की।

चराग तो जला

चराग तो जला मगर रुख-ए-हवा देखकर,
दिल तो लगा पर अंजाम-ए-ज़फ़ा देखकर।

हर जगह एक काबा नहीं होता जहाँ में
न जबीं झुका हर जा-ए-बुताँ देखकर।

मकान बनाना है तो बना बड़े शौक से,
नींव रख शहर में अच्छी जगह देखकर।

हर मर्ज़-ला-इलाज होता नहीं इंसाँ का,
बार-हा मरीज़ ठीक होते हैं बस दवा देखकर।

पतंग ऊँची उड़े आसमाँ में चाहते हो गर,
उड़ाना सीखो उसे सही सूरू-हवा देख कर।

मरने से पहले

बार-हा मरते हैं हम अक्सर मरने से पहले,
होते हैं ग़र के दरिया पानी में उतरने से पहले।
आँधी और तूफान होते हैं हम से दूर,
नशेमन टूट जाते हैं तिनके बिखरने से पहले।
नश्तर शिकारी का अभी निकला नहीं होता,
पिंजरे में जा बैठते हैं पर कतरने से पहले।
कुछ तो जज़्बा हो मुकाबला करने का,
डर पर एक ज़द कर लो डरने से पहले।
जद-ओ-जहद पुर ज़ोर हो जीने के लिए,
चमकें शमशीर हाथ से फिसलने से पहले।
लाज़िम है नज़र गड़ी हो मंज़िल पर तेरी,
राह-ए-दुश्वार पर कारवाँ निकलने से पहले।
मिलती है ज़िन्दगी बस एक बार इस जहाँ में,
जी लो मुक्कमिल जाँ से जाँ निकलने से पहले।
थामे रखो हाथ अपने रब्ब-ओ-रकीब का,
वो संभाल लेगा तुझे फिसलने से पहले।

समंदर

आओ चलें किसी समंदर के पास,
पुर ज़ोर हवाओं में
लहरें आती हैं जाती हैं...
नहीं समझ पाती हैं
कैसे रुकें आकर साहिल पर।
दिल के अन्दर भी एक समंदर
ख़्याल आते हैं जाते हैं......
कहाँ रुक पाते हैं,
ढूँढते हैं उस साहिल को,
जहाँ कुछ सुकूं मिल सके।
पर लम्हें तो लम्हें हैं.......
बह जाते हैं वक्त की
हवाओं के साथ....
समंदर की गहराई
तो जानते हैं हम,
मगर कौन समझा है
मन की गहराई को

आओ चलें ऐसे समंदर के पास,
जहाँ काश कोई
पुरसुकूं किनारा मिले,
हमारी बेचैन लहरों को
और
हम न बह जाएँ
वक्त की हवाओं के साथ.....

दीदार

झरोखे की चिलमन से उनका दीदार किए हैं हम,
जाने कितना इस मंज़र का इन्तजार किए हैं हम।

सदियाँ गुज़री बस उनका तसव्वुर किए,
बेचारे दिल को कब से कितना बे-ज़ार किए हैं हम।

थिरके लब आँखें झुकी ख़म-ए-ज़ुल्फ़ कुछ हिली,
किसी हसीं मुलाकात का वसूल-ए-इकारार किए हैं हम।

दबे पैर आकर शरमा कर वो होंगी हम-आग़ोशाँ,
क्या-क्या तसव्वुर अपनी जाँ के बेदार किए हैं हम।

धड़के दिल उसका और महसूस हम करें,
लगता है अपने ख़्यालों को बे- इख़्त्यार किए हैं हम।

कितनी हसीं है वो कितनी हसीं उसकी अदा,
मानो हूर-ए-फ़िरदौस से बे-इन्तहा प्यार किए हैं हम।

पनपते ख़्वाब

आरज़ू-ए-मोहब्बत है उसके दिल में यह बताया ही नहीं,
झलक दिखलाई पस्स-ए-चिलमन चेहरा दिखाया ही नहीं।

आना मेरे घर में यह दावत दी उसने कई बार,
किस गली में है उसका घर यह तो बताया ही नहीं।

नाराज़ होने का अन्दाज़ तो देखा बारहा मैंने,
मासूमियत तो देखो किसी और तरह से सताया ही नहीं।

रहे मोहब्बत की रोशनी घर में बरकरार,
जो चिराग बुझे हवा से ऐसा दीया जलाया ही नहीं।

पीता हूँ रुक-रुककर थम-थमकर मयकदे में,
साक़ी समझ गई और मुझे कभी बहकाया ही नहीं।

साहिल से दूर चली जाए कश्ती डर नहीं,
लहरों से दामन हमने कभी छुड़ाया ही नहीं।

मुझे तुम से मोहब्बत है कहूँ या न कहूँ,
यह मसला तो हमने कभी उठाया ही नहीं।

गुलों के रंग से खिल जाते हैं रुखसार उसके,
मगर लबों में अपने उसने कभी आँचल दबाया ही नहीं।

तिनके सजा-सजाकर बनाएँगे एक नशेमन,
तेज़ हवाओं ने हमें कभी डराया ही नहीं।

मेरे इरादे

अंगड़ाई लेकर खिल उठी हैं कलियाँ,
आरज़ू, हर तमन्ना हम अपनी जगा लें।
रात-रानी की महक है फ़ैली हुई
धुली हुई चाँदनी को बिछौना बना लें।
चाँदनी और सोने के रथ में बिठाकर
तुझे ज़मीन से फ़िरदौस तक उड़ा लें।
मूंद ले मद-भरी आँखों को एक पल,
शबनम के गोहर इन पलकों पे सजा लें।
होगा माह-ए-कामिल के निकलने का आलम,
चेहरे से गर तू गेसुओं की चिलमन हटा ले।
सजाएँ हीरे और मोतियों की महफ़िल हम,
मोहब्बत की बारादरी में हज़ारों शम्मा जला लें।
चले आओ के टला जाता है आफ़ताब,
इस शब ख़्वाबों को अपनी हकीकत बना लें।
हो चला है इबादत-ओ-नमाज़ का वक्त,
जबीं को अपनी मोहब्बत के दर पर झुका लें।

अंजाम-ए-मोहब्बत

मोहब्बत का अंजाम है गर दिल का टूटना,
क्यूँ हर शख़्स बेकरार है दिल लगाने के लिए।

हम-गाम हो के चले थे कितना हसीं था सफर,
ना अब कोई हम-सफर ना रहबर राह दिखाने के लिए।

हवा में घुली ही है उसके गेसूओं की खुशबू,
क्यूँ ऐसे ख़्याल आते हैं मुझको सताने के लिए।

हज़ारों चिराग जलाए थे हमने मोहब्बत के महल में,
हाथ न उठता अब कोई और शम्मा जलाने के लिए।

महबूब थी वो मेरी, जान-ए-जाँ थी वो कल तक,
आज यह बात रह गई बस दिल को बहलाने के लिए।

न कोई और पैकर न कोई और ख़ुदा है मंज़ूर,
दर तेरा न मिला कोई बंदगी और सिर झुकाने के लिए।

ज़माने की हर चोट सह लेता जो मिलता तेरा साथ,
न अब बची है हिम्मत कुछ और तीर खाने के लिए।

साक़ी ने तो दिया था, पर गिरकर टूटा मेरा जाम,
कौन तमन्ना करे अब एक नए जाम-ओ-पैमाने के लिए।

लबों पे हंसी कुछ देर रुक जा गर रुक सके
यादें उनकी बाकी हैं दिल-ए-नादान को मनाने के लिए।

महक गुन्चा-ए-मोहब्बत में रहती तो कब तक,
बेवफ़ाई का झोंका कम न था उसे उड़ाने के लिए।

बड़े शौक से लिखा मैंने अपना अफ़साना-ए-उल्फ़त,
काश कोई होता मुझको उसका आलम बताने के लिए।

एक रात की बात

रात के तीजे पहर
तारीकी और हम
सुबह की दस्तक अभी दूर,
कुछ भी तो नहीं बरहम
तबस्सुम और इश्क है आगोशाँ,
हवा में फैली है कुछ शबनम
तनहाई में हमारी ख़ामोश बातें,
मैं हूँ तुम्हारा और तुम मेरे सनम
मगर अब रात के तीजे पहर
तारीकी में अकेले हम.........।
सुबह की दस्तक है अभी दूर
हर शै है मेरे जहाँ की बरहम,
हवा में घुला है कितना ग़म,
चश्म मेरे हैं कुछ पुरनम,
तन्हाई से है मेरी गुफ़्तगू
कुछ तो कहो कहाँ हो मेरे सनम?

बता दे मुझे

ऐ मेरी ज़िन्दगी इतना एहसान तो कर,
पल दो पल के लिए खुद को पहचान लूँ
मैं इतना तो जान लूँ
के कौन हूँ मैं?
सफ़र तो रवां है मेरा...
बिखरा सा जहाँ है मेरा...
मन्ज़िल कहाँ है जानता नहीं,
दिल इन राहों को पहचानता नहीं,
जुस्तजू है परवाज़-ए-दिल भी है,
पर तूफान में उड़ने की मुशकिल भी है।
हाथ थाम कर कहीं पहुंचा दे मुझे,
एक सही मन्ज़िल दिखा दे मुझे,
मक्सद-ए-ज़िंदगी बता दे मुझे,
किस को समझूँ अपना बता दे मुझे।

मैं हूँ या नहीं

मैं हूँ या नहीं कुछ पता भी नहीं,

जो मैंने सुना किसी ने कहा भी नहीं।

हैं उसके कदमों के निशाँ आस-पास.....

जो आज तक कभी यहाँ रहा भी नहीं,

न जिस पर छाए कभी काली घटा,

दिखा मुझे ऐसा कोई आसमां भी नहीं,

हमदर्दी तो होती है उनकी जुबाँ पे अक्सर...

पर दिल न दुखाए वो होता ऐसा पासबाँ भी नहीं।

थक कर बैठ जाऊँ उसकी छाँव में कुछ देर.

मेरी राह में ऐसा शिजर कोई रहा भी नहीं।

सजाया था इस घर को बड़े अरमानों से मैंने,

इस घर में आज तक मैं खुद कभी बसा भी नहीं।

दर्द तो हज़ारों छुपा रखे हैं सीने में,

कितना अच्छा है अश्क मेरी आँखों से बहा भी नहीं।

तेरा तसव्वुर तेरी बातें और तेरी यादें हैं मेरे पास,

इन तनहाइयों में मैं अकेला और तन्हा भी नहीं।

क़ातिल

जाती हो तो जाओ मगर मेरी सदा सुनती जा,
क़ातिल हो तुम मगर मेरे क़त्ल की वजह तो बता।

नज़रों से नज़रें मिली थीं जब पहली बार,
बिजली कौंध जाने का एक मंज़र दिखा दिया।

प्याला भर पानी माँगा था पीने के लिए,
उसने मुझको पूरा समंदर दिखा दिया।

कुछ लकीरें तो थी मेरी हथेली पर भी,
उसने तो हर लकीर को बस मिटा दिया।

न शमशीर थी न कोई खंजर था उसके पास,
बस हुस्न से ही ख़ुदा ने उसे क़ातिल बना दिया।

आम-सा अफ़साना

तिशनगी-ए-मोहब्बत से ज़ोक-ए-ग़म का सफ़र,
कितना आसाँ है इधर से उधर जाना,
जुनून और आरज़ू जुस्तजू-ए-दराज़
बनता है मुक्तसर एक आम सा अफ़साना।

किस नियाज़-ओ-मुश्कत से करे तामीर नशेमन,
पर रहे कम-नसीबी, हवा से उड़ जाए आशियाना,
बनाए आशिक दश्त पर ख़्वाबों के महल,
क्यूँकर न गिरें जफ़ा की आंधी से नायाएदार का शाना।

हज़ारों राहें भी गर मेरी दर उनके जा रुकें,
झुकी जबीं को ना मिलेगा उनका महज़बाना,
माज़ी के न वो कायल देखें मुस्तकबिल को,
हैसियत मेरी है एक गुज़रा हुआ ज़माना।

गहराइयाँ

सोज़-ए-ग़म है दिल में और तन्हाई का आलम,
छपी हैं शम्मा-ए-गुल की दिवारों पे परछाइयाँ
शब्ब-ए-फ़ुरकत का आलम और ग़म-ए-फ़िराक
बढ़ जाती हैं कुछ दर्दे-ए-दिल की पिनहाइयाँ।

आब-ए-इस्तदा है ज़िन्दगी हर लहर ठहर गई,
ख़ामोश है हर नगमा थक कर सो गई शहनाइयाँ
अर्श-ओ-दस्त तो क्या रफ़ला भी नहीं रही,
शब्ब-ए-दजूर है और मेरे दिल की रोशनाइयाँ।

ख़ामोश सिसकियाँ और आब-ए-चश्म हैं रवाँ,
कितनी राहत भरी और पुर सकूँ हैं मेरी तनहाइयाँ।
भूल जाऊँ हर वो बात जो तुझसे है जुड़ी,
डूब जाऊँ इतना खुद में न बचें कोई गहराइयाँ।

मेहरबानियाँ

तेरी मेहरबानियाँ हैं कुछ ग़म तो मिले,
शुक्रिया इस वजह से हम, हम से तो मिले।
न सोचा था ऐसा भी होगा कभी,
चश्म अपने मुझे कुछ पुरनम तो मिले।
राह-ए-मोहब्बत में न दे सके तुम साथ मेरा,
कुछ कदमों का ही सही ऐसे हम-कदम तो मिले।
दिखाए रास्ता मुझे अपनी मन्ज़िल-ए-मकसूद का,
न कोई संग-ए-मील न कोई परचम ही मिले।
निभाऐं वादे वफ़ा को जो वो खुद करें,
ऐसे आश्ना ज़माने में हमें बहुत कम ही मिले।
होगी शम्मा रोशन रात भर यह सोचा था,
हवाएं जफ़ा में मेरे चिराग बे-दम ही मिले।
सिलसिला था खुश-नुमा तेरे ख़्याल का,
अब तेरे चेहरे के तस्सवुर मुझे बरहम ही मिले।

कैसी चाहत

हर शब दिल-ए-नादान से गुफ़्तगू है,
तू उसे चाहे जिसे औरों की आरज़ू है।

चाँद सितारों से आरिस्ता है उसकी शब्ब,
तेरे आसमाँ पर अंधेरा हर सू है।

यह क्या तमन्ना कैसी जुस्तजू है,
यह क्या उम्मीद कैसी आरज़ू है।

किस चाहत की तुझको है तमन्ना,
हर चाहत शिकस्तां तेरे रू-ब-रू है।

कैसी बहार आई है गुलिस्तां में मेरे,
न गुलों में रंग न गुच्छों में खुशबू है।

अपनी परछाई में

लम्बा हो जाता है सफर दौर-ए-तन्हाई में,
दिखता है कोई और अपनी ही परछाई में।

करूँ दरिया या समंदर की तमन्ना क्यूँ कर,
दिल डूब जाता है अपनी ही गहराई में।

दिन के उजाले में तो छिप जाते हैं मगर,
ग़म के साए उभर आते हैं रात की रोशनाई में।

नाज़ था मुझे मोहब्बत में अपनी वफ़ा पर,
जाने क्यूं मज़ा आने लगा है तेरी बेवफाई में।

गुनहगार भी वो और मुनासिफ भी वो है,
क्या इन्साफ मिलेगा मुझे इस सुनवाई में।

लुटा है कारवाँ तेरी सरपरस्ती में,
किया था भरोसा हमने तेरी रहनुमाई में।

हमराज़ हमनवाज़ हमख्याल बनते हैं दो दिल,
अजनबी बने बैठे हैं हम इस आशनाई में।

एक कश्मकश है फ़िज़ा में जिधर देखो,
अजीब सी उदासी बिखरी है इस रूनाई में।

आज की औरत

तुम गुल हो एक गुलिस्तां हो

पर जमीं पर छूती आसमां हो।

हवा की मानिंद यहाँ हो वहाँ हो,

न जाने तुम बहती कहाँ कहाँ हो,

खिल जाए एक शायर की ग़ज़ल

शाइस्ता शिरीं मीठी जुबां हो।

मुश्किलें और पेच राह में हों कितने

निडर ले जाती तुम अपना कारवां हो।

दोस्ती को है दोस्ती तुम से

दोस्तों की तुम जान-ए-जां हो।

सालों को तू न गिन ओ ग़ज़ाला,

उमर तो क्या तुम उमर पर मेहरबां हो।

हर गम को तुमने किया है निहाँ

खुशियों की तुम एक ऐसी दास्तां हो।

मेरे साहिल

बने रहो मेरी ज़िन्दगी के साहिल तुम,
मेरी हर मौज तेरे दामन में
सुकूं पा जाती है और ठंडक पाती है
ज़िन्दगी की गरम रेत।
जिस समन्दर का साहिल नहीं
वक्त की चट्टानों से
टकरा कर बिखर जाती है हर लहर
और छोड़ जाती है एक शोर।
नहीं चाहता हूँ मैं
बिखर जाऊँ
एक बौछार बनकर..
और खो जाऊँ
इस शोर में
और वही हश्र हो मेरी
हर आरज़ू का

मेरी जुस्तजू का
इसलिए कहता हूँ
बने रहो मेरी ज़िन्दगी के
साहिल तुम।

दिल का हाल

निगाहें जो मिलीं उनसे
न पूछ क्या दिल का हाल है?
हर तमन्ना जवां होने लगी,
रोशन चिराग़ मोहब्बत तो बे-मिसाल है।

ज़िन्दगी थी एक सूखा दरिया
अब आब-ए-चाहत से पामाल है।
कल तक तो थी अंधेरी रात मगर,
अब छाया हर सू चाँदनी का कमाल है।

ज़माना तरसे है उनकी एक नज़र को,
निगाहों में जादू का कोई जाल है।
वाईज़ तू भी देख ले उसका चेहरा,
रुख पर उसके कैसा नूर-ओ-जमाल है।

मेरे पहले अल्फ़ाज़....

आसाँ है इन्तहा मुशकिल है इबित्दा होना,
ख़ुदा तो बहुत कम देखा एक इंसाँ होना।
कहते हैं सितारों के आगे जहाँ और भी हैं,
बला हो, मरना है, यहाँ हो के वहाँ होना।

उठे न गाम गर न हो मंज़िल पे नज़र,
नहीं अच्छा पस्त सफर के दरमियाँ होना।
बन सकें न गुल किसी गेसू की ज़ीनत,
अच्छा है उस गुलिस्ताँ का बियाबाँ होना।

गर न हो फ़ितरत में कुछ आतिश-ए-दोजख़,
बे-असर होगा कूह का भी इफ़तशाँ होना।
बरपा है हर शख़्स पर एक जुनून-ए-सवाल,
कोई नहीं चाहता है खुद का इम्तिहाँ होना।

लब पे नहीं दिखता एहसास-ए-मलाल,
कितना कारगर है दर्द-ए-दिल का पिन्हा होना।
न हो दर्द तो इतना अच्छा,
न रुके खून का चरम से रवाँ होना।

छुपा है बहुत कुछ पस-ए-मन्ज़िर ए दोस्त,
कौन चाहता है ग़रक-ए-दरया कारवाँ होना।

याद-ए-सनम

याद-ए-सनम हम भुला न सके,
दवा दर्द-ए-गम की हम पा न सके।

रस्मों-रिवाज़ों ने उनको रोका,
ज़माने के आगे हम जा न सके।

इतना वसी था दरमियाँ का रास्ता,
वो आ न सके और हम जा न सके।

रू-ब-रू थे पर मुलाकात न हुई,
हम चिलमन में वो पर्दा उठा न सके।

संग दिल ज़माने के संग-दिल रिवाज,
इन पत्थरों को हम ठुकरा न सके।

मेरे घर में भी होती कभी तो रोशनी,
हम आंधियों में शम्मा जला न सके।

गुलिस्ताँ में गुल कम न थे लेकिन
ख़ारों से हम अपना दामन बचा न सके।

साक़ी थी और जाम भी पुर-मय था,
पर जाम को हम लबों से लगा ना सके।

हर दिल में आती है बहार-ए-मोहब्बत,
बात यह हम ज़माने को समझा न सके।

चलो किसी और जहाँ में होंगे हमसफर,
इस जहाँ में तो गाम से गाम मिला न सके।

शब्ब और हम

शब्ब आते ही तेरी याद और हम हैं,
दिल-ए-नादान को समझाने के बहाने कम हैं।

कुछ दिन तो तुम भी थे बहुत बावफ़ा,
अब गिने तो वो दिन बहुत ही कम हैं।

तेरे लबों की नमी को किया था महसूस मैंने,
अब तो बस उन एहसासों से चश्म पुर नम हैं।

मैंने भी बनाया था एक ताजमहल तेरे लिए,
संग-ए-मरमर का हर टुकड़ा बिखरा बरहम है।

क्यूँ नहीं समझ पाता हूँ मैं यह हकीकत,
वो मोहब्बत भी झूठी और झूठे मेरे सनम हैं।

कुछ दर्द ले देता है ज़माना भी हमें,
कहीं उससे ज़्यादा तेरे दिए ग़म हैं।

मेरी वादी-ए-मोहब्बत में था तेरा आंचल,
ख़ला में बिखरे हुए इधर-उधर कुछ परचम हैं।

तुम थे तो था मेरा भी कोई वजूद,
अब तुम नहीं तो न कहीं हम हैं।

बुझा दिल

शब्ब-ए-अफ़रोज़ा में दिल बुझा-बुझा सा है,
दिल-ए-नादां समझ न पाए क्या माजरा है?
हम कदम थे और मन्ज़िल भी थी सामने,
यक दम क्यूँ आया दरमियां यह फ़ासला है।

सुबह थी सुनहरी और धूप थी खिली-खिली,
अब यह कोहरा क्यूँ है छाया यह कैसा धुआँ है?
यह चुप्पी क्यूँ अल्फ़ाज़ भी गुम हुए,
कुछ तो कह ऐ दिल, क्या शिकवा कैसा गिला है।

माज़ी की हर चीज़ को किया उसने सुपुर्द-ए-आग,
मेरे ख़त मेरी मोहब्बत मेरा दिल भी उसमें जला है।
बेचैनी हर सू बरहम सा है मेरा सुकूं,
कैसा आया है ज़िन्दगी में यह ख़ामोश ज़लज़ला है।

आज की शाम

आज की शाम चलो महफ़िल सजा लें,
तेरी जुल्फ़ों से शब का आलम बना लें।

हर अंग में तेरे हैं हज़ारों गुंचे,
हम अपने आगोश में गुलिस्तां खिला लें।
डूबते आफ़ताब की सुनहरी ताब को लेकर,
कुंदन की माला से तेरी मांग को सजा लें।

छिटकें हैं हज़ारों सितारे आसमाँ में हर सू,
तेरे दामन में लगाने को कुछ मोती चुरा लें।
बद नज़र-ए-जहाँ से तुझ को बचा लें
अंबर के अम्बार में खुद को छुपा लें।

इतर और शबनम जब आसमाँ से बरसे,
गुलों के रंग से इस बरस होली मना लें।

तेरा दीदार

माह-ए-कामिल देखा तो याद वक़्त-ए-दीदार आया,
प्यार तो आना था और वो बेइख्तयार आया।

बरसों से वीरान और बे-रंग थी मेरी ज़िन्दगी,
इस बार मौसम-ए-बहार में रंग बेशुमार आया।

सजदा तो किया था दर-ए-खुदा जाकर मैंने,
बेखुदी में वहाँ नाम तेरा मैं पुकार आया।

ज़माने से बैठा था तेरी रहगुज़र पर मैं,
तुम आई तो अंजाम-ए-इन्तज़ार आया।

खत में लिखा मैंने तुम्हें, तुम से मोहब्बत,
जवाब तेरा भी यकदम तैयार आया।

बरसी है घटा आज मेरे शहर में भी,
आंगन में मेरे जूँ तीज का त्योहार आया।

ऐसा होता नहीं

न छाए घटा जिस पर,
ऐसा कोई आसमाँ नहीं।
ग़म और खुशी के बीच
होता कोई भी दरमियाँ नहीं।
फ़रिश्ता बन कर आए
होता कोई पासबाँ नहीं।
नरम दिल से मिले हमेशा,
मिलता ऐसा मेहरबाँ नहीं।
तूफान न उड़ाए जिसे,
बनता ऐसा आशियाँ नहीं।
बर्बाद न करे तेरी सफीना,
ऐसा तो कोई तूफान नहीं।
नींव जिसकी न हो गहरी,
वो पक्का होता मकान नहीं।
न कहेगा तेरी बात किसी और से,
मिलता कोई ऐसा राज़दान नहीं।

दिल की बात

गुफ़्तगू होती है मगर बात नहीं होती,
रेगिस्ताँ में कभी बरसात नहीं होती।
होती तो है मेरे आस-पास मगर
बार-हा वो मेरे साथ नहीं होती।
चाहो तुम सारी शिद्दत से भी मगर
हर रात चांदनी रात नहीं होती।
मिलता तो बहुत कुछ है ज़िन्दगी में,
न मिले मोहब्बत, तो कोई सौगात नहीं होती।
मिलता है ख़त उसका मुझे कई बार,
मगर उसमें वो महक-ए-जज़्बात नहीं होती।
महफ़िल में आता है जाम मेरे हाथ भी,
जाने क्यूँ साक़ी से कभी मुलाकात नहीं होती।
सोचता हूँ पूछूँ मैं उससे दिल की बात,
हर बार जाने क्यूं बस यही बात नहीं होती।

मसर्रत-ए-मोहब्बत

आ जाओ इस शब

एक हसीं गुनाह कर लें।

जज़्बात -ए-मोहब्बत में घुलें

ख़ुदी को अपनी फ़ना कर लें।

चाँद तारों का लिहाफ़ ओढ़ें

घर अपना आसमाँ कर लें।

जन्नत है हमारी यहां

ऐसा झूठा गुमान कर लें।

किसी नीली झील के किनारे

एक छोटा सा अपना मकाँ कर लें।

हर सुबह हो हमारी दोस्त

हर शाम को एक पासबाँ कर लें।

आँखों में बस जाए मोहब्बत

दिल में खुशी निहाँ कर लें।

वाबस्ता हो तुझ से हर शै

जमा ऐसा घर में सामान कर लें।

अरमानों का हश्र

बड़े अरमानों से दिल से एक अरमाँ निकला,
छा गई वीरानी, वो जहाँ-जहाँ निकला।

दोस्तों ने कहा था वो होंगे शिर्क्ते जनाज़ा,
अपने जनाज़े में मैं खुद बस तन्हा निकला।

चलो मेले में होगी लोगों की बहुत भीड़,
वहाँ देखा तो सारा मैदान बस वीरान निकला

सुकूं ही सुकूं है, बस जाओ तुम इस शहर में,
शक्स जो मिला वो तो परेशाँ निकला।

चाँद तारे दिखेंगे तू कर शब का इन्तज़ार,
बादलों से घिरा आज रात पूरा आसमान निकला।

मिलेंगे अगले मोड़ पर था उसका वायदा,
न था वहाँ कोई उस जगह मैं जहाँ निकला।

बराबर की गुफ़्तगू होगी मिल कर बैठेंगे हम,
अपना तो हर दोस्त मगर बेज़ुबान निकला।

दूर नहीं है किनारा पहुंच जाएँगे तैर कर,
हुआ गरक-ए-दरिया फासला ज़्यादा दरमियां निकला।

ज़िन्दगी का हर पल बस गुज़रेगा तेरे संग,
पर न कोई वक्त न ऐसा कोई समाँ निकला

क्या मिला ?

जिस बहाने तुम हम मिले
उसी बहाने यह सारे ग़म मिले।
कल तामीर किए थे जहाँ नशेमन
वही शिज़्र आज बरहम मिले।

जिसे माना था मैंने मसर्रतों का घर
वहाँ तो ठहरे यह सारे सितम मिले।
चाहत थी हर जगह खिली सी धूप हो
ना पूछ राह में कैसे-कैसे मौसम मिले।

जंगल में तो कारवाँ लुटा नहीं
बीच शहर में जान लेवा ज़ख्म मिले।
आरज़ू थी दिल से दिल की बात हो
अपने ही ख़्यालों में वो तो गुमसुम मिले।

जिसे समझा था मैंने अपना खुदा
वो तो बे-जान बुत-ए-मुज्जसिम मिले।

इरादे

आओ बे-धड़क आशना हो जाएँ
ज़िन्दगी को ज़िन्दगी तो कह सकें।
ज़माने की इन ज़ंजीरों को तोड़कर
अपनी सांसें हम खुद भी तो ले सकें।

सुकूं-पुर हो एक दरिया सामने
ठन्डी धारा में उसकी हम बह सकें।
शहर में छोटी-सी ज़मीन हो अपनी
जिस घर में बस हम खुद ही रह सकें।

मय-खाने तो बहुत हैं इस शहर में मगर
जाएँ वहाँ, साक़ी खुद मुझे एक जाम दे सके।
आ बैठें इस खिले-खिले गुलिस्ताँ में
गिरती शबनम तेरे हसीन चेहरे से बह सके।

रास्ता हो सामने और अपनी मंज़िल भी
दीवार न हो ऐसी जो हम से न ढह सके।

मोहब्बत में कहे अल्फ़ाज़-ए-दिल
जाने किस खला में गुम हो गए   (खला = VOID)
किए तुम ने थे हज़ारों वादे तुमसे
जो समझ पाया कैसे बेवफ़ा तुम हो गए

ज़िन्दगी है मेरी बे-मानी गरीब की सदा की तरह   (61)
मुकर जाऊं इसी ज़िन्दगी से एक बे-वफ़ा की तरह
चला जाऊं दूर बहुत दूर कहीं और दूर जाऊं
जो पलट के आ सकूं एक मौसम-ए-हवा की तरह

अभी गुज़रो तुम को जाए
रस्मों का सिलसिला तो अभी बाकी है
खुशियाँ तो रुक जाई रास्ते में
ग़मों का काफ़िला तो अभी बाकी है

जो है है ज़मीन आसमान कुछ भी नहीं   (56)
हर शाँ इधर है उधर कुछ भी नहीं
ना रख नज़र दूरियों पे हर बार
यह ना सोच इधर उधर कुछ भी नहीं

(9)

तेरे वजूद में मैं खुद से मिला
ज़िन्दगी में अब ना कोई शिकवा गिला
काटें ही काटें थे गुलशन में मेरे
हर डाल पर है अब एक गुल खिला

(60)

कल मिलेंगी मुझ को जाते हैं इन बहानों के साथ
रूद-ए-अन-गाम से सजती है महफ़िल इन महमानो के साथ
शम्मा तो जलाई थी मैंने उनके आने के इन्तज़ार में
वो ना आये मगर हुई ना-इन्साफ़ी परवानों के साथ

(11)

रुक जाती एक पल
सुनती जो मैं ने कहा
ज़िन्दगी ना होती यूं बरहम
ना होती हमारी मोहब्बत फ़ना

हर शाम तेरी यादों का सिलसिला
और वो मीठा सा एहसास
वो जानी पहचानी सी खुशबू
यकीन होता है तुम हो आस पास

दिल से क्या कहूँ?

शब्बों के गम सह लेंगे,
गिले-शिकवे तुम से कह लेंगे,

जेर-ए-तामीर था मकाँ अपना,
बनाया छोटा-सा आसमाँ अपना।

चाँद सितारे सजा भी लिए
अरमानों के फूल खिला भी लिए।

हर सू फैली रोशनी थी,
खुशियों से भरी ज़िन्दगी थी।

मगर यह घर क्यूँ ढह गया,
बस बुत-ए-मोहब्बत रह गया।

एक सिहा आसमाँ रह गया,
सूरज भी पिघल कर बह गया।

फ़िज़ा फूलों को सुखा सी गई,
बस सूखी पत्तियाँ बिछा-सी गई।

क्या कहूँ दिल से क्या माजरा है,
मोहब्बत का होता ऐसा ही सिलसिला है।

परवान चढ़ती मोहब्बत यह तकदीर न थी,
हाथों में बस यही लकीर न थी।

अब तुम ही कहो मैं अपने दिल से क्या कहूँ?

शिकस्ता चाहत

तेरी यादों ने है दिल को बुत बना दिया,
न पूछ तेरे ग़मों ने ज़िन्दगी को क्या-क्या बना दिया।

बड़े अरमानों से की थी घर में रोशनी मैंने,
तेरी जफ़ा की हवा ने वो दीया भी बुझा दिया।

समझे थे हम खुद को एक बड़ा दानिश,
तूने तो हमें बहुत कुछ है सिखा दिया।

तेरे सोचने से न हो जाएगी हर शै तेरी
ऐसा मेरे मुक़्क़दर ने मुझको समझा दिया।

आँखों में हो अश्क यह मंज़ूर न था मुझे
इस दर्द-ओ-ग़म ने है कितना रुला दिया।

याद था अपने अफ़साने का हर लफ़्ज़ मुझे,
तेरी बेरुख़ी ने है हर अल्फ़ाज़ को मिटा दिया।

कैसे जलाऊँ मैं इन हसरतों के ढेर को,
तूफान ने तो है हर लौ को बुझा दिया।

चाहत थी हर सू गुल खिले मेरी बगिया में,
रेगिस्तां का मंज़र बस इन आँखों ने दिखा दिया।

अध-मिटे खत

तेरे ख़तों की रोशनाई अभी बरकरार है,
पर कहाँ वो मोहब्बत का इकरार है।

अल्फ़ाज़ तो वही हैं, पर जज़्बात कहाँ हैं?
लगते ख़ाली वर्क उनमें वो बात कहाँ है।

कभी इन ख़तों में तेरी आवाज़ थी,
हमारें ख़्यालों की ऊँची परवाज़ थी।

शाहीन से उड़ते थे हम आसमान में,
खुशियों की हवा थी हमारे जहाँ में।

गुलाब की पत्तियाँ सूखी हैं लिफ़ाफ़ों में,
अरमान मुँह सोऐ हैं लिहाफ़ों में।

तेरे वादे तो सब झूठे निकले,
सपनों के सारे घर टूटे निकले।

तेरे ख़तों का यह इशारा है,
दूर मेरी कश्ती से किनारा है।

काश मिट जाए अल्फ़ाज़ों की रोशनाई,
शुरू हो दर्द-ओ-ग़म की तनहाई,

.... और रह जाएँ मैं और तेरे अधमिटे ख़त।

गर

गर ज़माना मेहरबान होता
इश्क कितना आसान होता।

अपना-अपना खुदा होता,
ऊपर वाला जाने कहाँ होता?

खुशियों के गुल खिलते,
हर घर एक गुलिस्तान होता।

एक चाँद और कुछ सितारे,
छोटा सा अपना आसमान होता।

न कोई सवाल न ही जवाब,
न किसी का कोई इम्तिहान होता।

तुम होतीं और बस मैं होता,
न कोई और हमारे दरमियान होता।

हर आरज़ू होती हमारी मुकम्मल,
न बचा दिल का कोई अरमान होता।

बेखुदी के आलम में हम-आगोशाँ,
सुबह शाम बस ऐसा गुमान होता।

आशनाई होती घुली इस फ़िज़ा में
हर आशिक का दिल हमेशा जवाँ होता।

एक मुट्ठी आरज़ू

एक मुट्ठी आरज़ू बस कुछ अरमाँ थे
यही मेरी दौलत यही दो सामाँ थे।
चाही थी बस दो कदम ज़मीन मैंने
कहाँ माँगे मैंने कोई ऊँचे आसमाँ थे।
चाहोगे तुम मुझे बे-इन्तहा,
जाने कैसे-कैसे मेरे ये गुमाँ थे।
मेरे हर सवाल पे तेरा नया सवाल
क्यूँकर होते मेरे इतने इम्तिहाँ थे।
एक पल में पहुँचता गर तुम बुलाते
न बताया तुमने खड़े तुम कहाँ थे।
रोए तो बहुत हम पर तुम थे बेख़बर
नज़र छिपाई तुमने जब अश्क मेरे रवां थे।
मायूस वादियाँ हैं देखूँ जिधर मैं
जिस जगह मेरे मसर्रत के जहाँ थे।
आग में ख़ाक हुआ था कल जो शहर
वहाँ मेरे भी कुछ दर-और मकान थे।

क्यूँ?

अन्जाम-ए-मोहब्बत तल्ख़ियाँ क्यूँ?
बे-मौसम कौंधें यह बिजलियाँ क्यूँ?

साथ जीने-मरने के वायदे क्यूँ?
छोड़ जाने के होते फिर इरादे क्यूँ?

छाता है आलम-ए-बेखुदी क्यूँ?
फिर होती ऐसी बेरुखी क्यूँ?

गुल-ए-मोहब्बत खिलता है क्यूँ?
मुरझाने का हश्र मिलता है क्यूँ?

खुशी मांगने की इबादत क्यूँ?
मुँह मोड़ जाने की आदत क्यूँ?

कभी होती उल्फ़त ना-पाक क्यूँ?
अरमाँ होते हैं सुपुर्दे ख़ाक क्यूँ?

ख़ुदा देता है ऐसा एहसास क्यूँ?
दिल होता है इतना बे-आस क्यूँ?

बढ़े दिलों में यह दूरियाँ क्यूँ?
ज़माने की यह मजबूरियाँ क्यूँ?

परवान चढ़े हर मोहब्बत न कोई ख़ता हो।
ऐसी बनेमत ख़ुदा से हर दिल को अता हो।

बुरा न मानो तो......

तुम बुरा न मानो तो....
तुम्हें गुलाब कहूँ,
तेरे रुख़सार के रंग को
मैं शबाब कहूँ,
दो आँखों में जो है सुरूर
नशा-ए-शराब कहूँ,
तेरे चेहरे का यह नूर
शूआ-ए-आफ़ताब कहूँ,
खुशियों से भरी ग़ज़ल की
तुझे मैं किताब कहूँ,
दुआ में जो मैंने माँगा
उसका जवाब कहूँ,
कुदरत ने है चुना तुमको
एक खूबसूरत इन्तखाब कहूँ
और कुछ न कहूँ तुम्हें
बस लाजवाब कहूँ।

दिल की बात

तेरे ख़्यालों से मेरी गुज़र
जो दिल ने चाहा वो बात हो गई।
आज तक था बस तेरा तसव्वुर
अब रूबरू मुलाकात हो गई।

आसमाँ था खाली न कोई बादल
न काली घटा छाई और बरसात हो गई।

शाम ढले और जलें मेरे चिराग-ए-मोहब्बत
आहिस्ता हर सू मायल सी निशात हो गई।

हर रोज़ मिले मुझे उल्फ़त से भरा ख़त तेरा
मंजूर मेरा ख़्वाइश-ओ-दरख्वास्त हो गई।

रश्क

बदें रख चश्म अपने ख़्याल उसका गुज़र न जाए
ख़्वाबों में है मिलने का वादा कहीं वो मुकर न जाए।
बेपरवाह न हो इस ज़माने की आंधियों से
मशक्क़त से बना है तेरा नशेमन, बिखर न जाए।

ख़त-ए-मोहब्बत तू लिख ले अपने खून से
ज़मीन पे बिखर कर, बेकार तेरा खून-ए-जिगर न जाए।

रश्क की इन्तहां देखी मैंने उसकी तब
डाली ही तोड़ दी, कहीं गुल मेरा बिखर न जाए।

बन्दगी उनकी

करूँ किस मज़ार पे सजदा
कट जाए उनकी कशीदगी
ले वो सांसें मेरी
बन जाऊँ मैं ज़िन्दगी उनकी।

मेरे इमाँ के मसीहा बने
करूँ मैं बन्दगी उनकी
बन जाऊँ परवाना मैं
हो फ़िरोज़ाँ रोशनी उनकी।

असर हो मेरे जुनून का कुछ
बढ़ जाए दीवानगी उनकी
फ़ितरत में हो जवाँ ज़ोक
न रहे सादगी उनकी।

सुरूर उनकी आँखों का पियूँ
देखूँ खुमार-ओ-रिन्दगी उनकी।

नसीब

वो न मिले तुझे तो गम न कर

ज़र ज़मीन उल्फ़त हैं नसीब से,

जिसे तुम ढूँढते हो शिद्दत से

अकसर वो निकल जाते हैं करीब से।

शाहों से मांगा तो न मिली एक रत्ती मुझे

पा गया लाखों दुआएँ मुफलिस गरीब से,

खुदा के फ़ज़ल से है जिनका वजूद जहाँ में

खुद को खुदा समझें देखे ऐसे इंसाँ अजीब से।

नफरत का ज़हर जो चढ़ जाता है नसों में

दवा न मिले कोई किसी भी तबीब से,

यकीन था वो हिफ़ाज़त करेंगे मेरी हर जगह

खून से सना खंजर निकला दामन-ए-रकीब से।

सोचता हूँ दिल न होगा बेचैन आज की शब्ब

ग़म आ बैठे हैं मेरे संग बड़े ही तरतीब से,

क्यूँ हर इंसान यक सा नहीं होता इस जहाँ में

पूछूँगा यह सवाल ज़र अपने हबीब से।

ना आएं वो बुरा तो लगता है मगर
ना आने का बहाना उसका भी अच्छा लगता है
दिल तो आख़िर है दिल-ए-नादान ही है
उस को समझाना भी ख़ूब अच्छा लगता है

कुछ लफ़्ज़ तुम्हारे कुछ अल्फ़ाज़ मेरे
बना है यूँ इज़हार-ए-मोहब्बत का सिलसिला
ज़माने से था मेरे घर में अंधेरा
तुम आए हो तो एक दिया है जला

तेरी यादों को याद कर हम ने जिया है
हर शब-ए-फ़ुरकत में ग़म के जाम पिया है
ज़माने ने तो बोहत चाहा मेरी दास्तान सुनने पर
चुप्पी साधी है अपने लबों को हम ने सिया है

सबब-ए-उदासी वो नहीं
ये ख़ूबसूरत मेरा ही दिल है
आरज़ू तो इश्क़ की है उसे मगर
कुछ कह नी सके इतना मजबूर दिल है

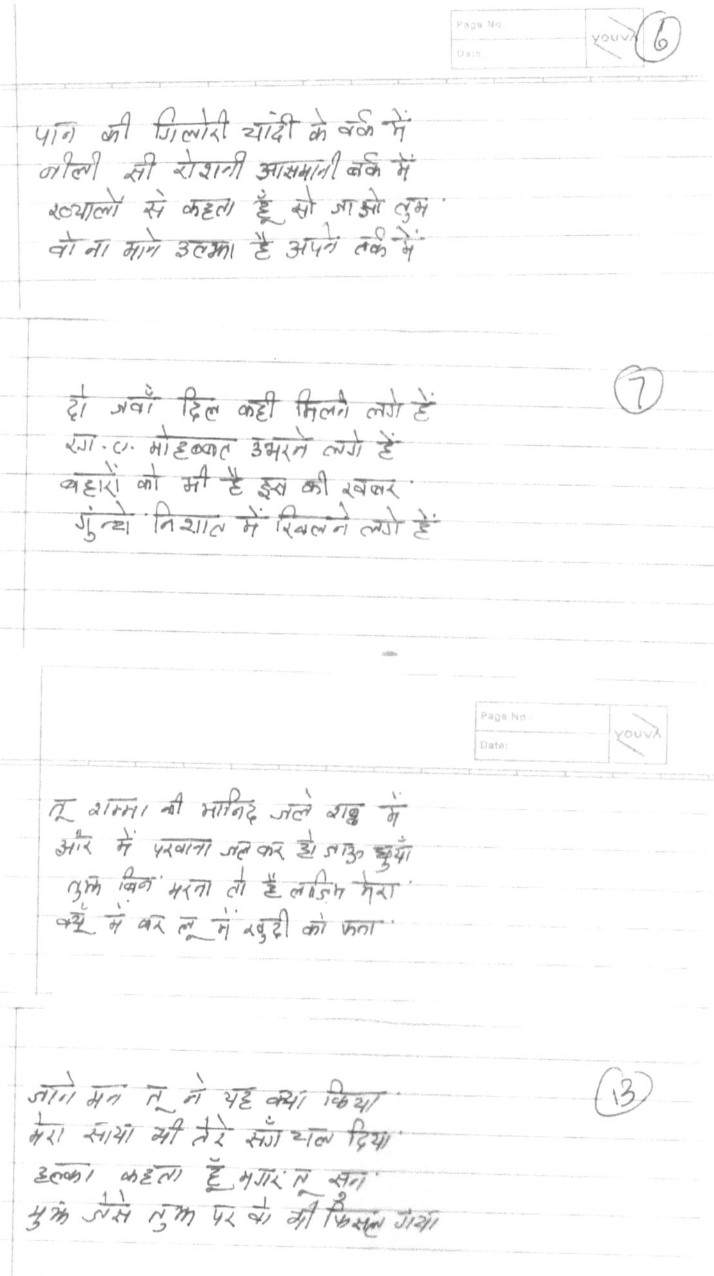

पान की गिलोरी चांदी के वर्क में
नीली सी रोशनी आसमानी वर्क में
ख्यालों से कहता हूँ सो जाओ तुम
वो ना माने उल्फ़ा है अपने तर्क में

(7)
टूटे हुवाँ दिल कहीं मिलने लगे हैं
रंज-ओ-मोहब्बत उभरने लगे हैं
बहारों को भी है इस की ख़बर
गुन्चे निशात में खिलने लगे हैं

तू शमा की मानिंद जले राख़ में
और मैं परवाना जल कर हो जाऊं छुआ
तुझे किन मरना तो है लेकिन मेरा
क्यूँ न कर लूं मैं नवुरी को फना

(13)
जाने मन तू ने यह क्या किया
मेरा साया भी तेरे संग चल दिया
हल्का कहता हूँ यारं न सुना
मुझे जैसे तुम पर कुछ की फ़िसल गया

आज की शब

आज शब दीदार माह-ए-कामिल कर ले
मोहब्बत में उसे हम यूँ शामिल कर लें।
न वो आई, न ही उसका चेहरा दिखा
हँसी तसव्वुर उसका खुद मुकम्मल कर लें।

चाँद को ले और तारों को भी समेटे
आरिस्ता इस तरह अपनी महफ़िल कर लें,
न जा सके तेरे ख़्यालों से वो
यह रात तू इतनी मुश्किल कर ले।

परेशान हो रात भर नींद न कर सके
इतनी बेकरारी तू भी हासिल कर ले,
बच न सके वो तेरी जुस्तजू से
दिल के अरमानों को तू इतना काबिल कर ले।

जी भी ले

ज़िंदा है तो जी भी ले
जाम-ए-आरज़ू पी भी ले।
चाक है गरेबाँ तो क्या हुआ
जुस्तजू से उसे सी भी ले।
न देख शब्ब की तारीकी
आफ़ताब से कुछ रोशनी भी ले।
मौत को तो मिलेगा उसका हिस्सा
अपना हिस्सा-ए-ज़िन्दगी जी भी ले।
गर माना तूने है ख़ुदा को
तो उसकी बंदगी भी ले।
ज़िन्दगी है तो मानिद-ए-गुलिस्ताँ
गुलों से रंग-ओ-ताज़गी भी ले।
मोहब्बत से होती है मुकम्मल ज़िन्दगी
कुछ दोस्ती कुछ आशिकी भी ले।
साक़ी से ले तू शराब का जाम
कुछ मसर्रत-ए-रिन्दगी भी ले।

कहानी ज़िन्दगी की........

माज़ी से वाबस्ता अपनी कहानी सुना
ए दिल मेरे तू अपनी जुबानी सुना।

वो जगह जा, जहाँ था बचपन मेरा
गिल्ली डंडे से कैसे खेलता वो बता।

देखी अन-देखी वो शरारतें मेरी
छिपाई चीज़ों की निशानी सुना।

सोचता था किसी को कुछ पता नही
अचानक पकड़े जाने की हैरानी दिखा।

जब जवाँ था नई हसरतें थीं मेरी
लड़कियों से बात करने की परेशानी सुना।

कुछ ख़त जो चोरी से लिए और दिए
उन राज़ों की तू राज़दानी सुना।

आँखें बड़ी और खूबसूरत उसकी
जो दी मैंने उसको सुरमेदानी बता।

हाथ पीले हुए उसके वो चली गई
आँखों से आँसुओं की रवानी दिखा।

वक्त ठहरा और मैं भी ठहर सा गया
किस मुकद्दर को मिली एक लड़की सियानी बता।

साल दर साल वक्त भी गुज़रता गया
प्यारे से बच्चों की नादानी सुना।

चलते कदम भी रुक जाएँ कैसे?
आगे खड़े उन पलों की कहानी सुना।

मंज़िल का सितारा

जुस्तजू को आरज़ू का इशारा मिला,
लबों को दुपट्टे का किनारा मिला।
उसके होठों पे है दबी सी हँसी,
लगता है ख़त उसको हमारा मिला।
हाथों से हाथ छूटे न कभी,
कब कौन किसको दुबारा मिला।
शुक्रिया ए हवाओं बागबान ने कहा,
तुम से सफीना को यह है सहारा मिला।
मुड़कर देखा तुझे मैंने जाते-जाते,
डूबते को तिनके का सहारा मिला।
रात भर सो न पाएँगे हम,
इस शाम मुझे ख़त तुम्हारा मिला।
कश्मकश थी कहाँ जाएगी ज़िन्दगी,
आज आसमाँ में मंज़िल का सितारा मिला।

धूप छाँव

कहीं धूप कहीं छाँव का है सिलसिला,
दूर है संग-ए-मील से मंज़िल का फासला।
गमों-ए-आफ़ताब को तुझ से हमदर्दी नहीं,
रखना होगा दिल-ए-खुद में बड़ा हौसला।
चुन कर किसी शिजर की एक शाख़ को,
हिम्मत के तिनकों से बना घोंसला।
न उड़ने देना तू अपने इस चमन को
हवाओं में चाहे कितना भी हो वलवला।
रख नींव गहरी तू अपनी दीवार की
न गिरे घर तेरा जो आए ज़लज़ला।
रख तू सदा अपनी संभाल कर दिल में
मुश्किल की घड़ी में लेना उसको बुला।
बहार आते ही खिलेंगे गुल फिर से
गुलसितां हो ख़िज़ां में चाहे जितना भी जला।
धूप छाँव का खेल है यह ज़िन्दगी,
न कर उससे कोई शिकवा न कोई गिला।

जाने क्यूँ

ख़्याल-ए-यारां हर शब बेदार होते हैं
कारवांएँ ग़म भी चलने को तैयार होते हैं।
आफ़ताब तो बेदार हुआ नहीं आसमाँ में
ना-साबूर साए उठने को बेकरार होते हैं।
तन्हाई के आलम में तन्हा दिल से
कुछ नाशाद सितारे आ शुमार होते हैं।
गिरती हैं ईंटें जहाँ निकल-निकलकर
देखता हूँ वहीं मेरे दयार होते हैं।
कल तक जो थे मेरे हम-दम हम-नवा
दुश्मनों में वो आज शुमार होते हैं।
करें मोहब्बत या तोड़ दें वो दिल को
यह तो इन हसीनों के इख़्तियार होते हैं।
जिस दिन दिल चाहे शब्ब में महक हो तेरी
उसी शाम ही क्यूं गर्दो-गुबार होते हैं।
तेरी चिट्ठी के हर लफ़्ज़ में थी तल्ख़ी
जाने किन ख़तों में भरे प्यार होते हैं।

क्या होगा?

क्या होगा शमाँ बुझा लूँ अगर?

दिल की तारीकियाँ बढ़ा लूँ अगर

क्या दिल मान जाएगा उसका

अपने दिल को मैं मना लूँ अगर।

ज़िन्दगी के पेंच कम होंगे क्या

मोहब्बत का मुअम्मा सुलझा लूँ अगर

ग़म क्या दूर चले जाएँगे मुझसे

प्यार से मैं उनको समझा लूँ अगर।

यादों की महफ़िल सजे हर शब्ब।

मजमां दर्दों का सजा लूँ अगर।

साक़ी तो खुश होगी ज़रूर।

जाम पर जाम भर कर लगा लूँ अगर।

बस्ती होगी कुछ देर तो रोशन।

मकाँ मैं अपना जला लूँ अगर।

मुझको अलविदा कहने आएगी क्या वो?

हस्ती-ए-खुद को मैं मिटा लूँ अगर।

सोचता हूँ.........

तसव्वुर में आती हो तुम
हम-आ गोश्याँ सोचता हूँ।
जन्नत में पाता हूँ खुद को
मीठी सी मदहोशियाँ सोचता हूँ।

कुछ तुम कहो और मैं सुनूं
ऐसी सरगोशियाँ सोचता हूँ।
अपनी खुदी में खो जाएँ हम
आएँ ऐसी बेहोशियाँ सोचता हूँ।
मगर ऐसा होता नहीं
है यह मुझको यकीन
तसव्वुर में तो आती हो तुम-पर
एहसास-ए-जफ़ा देखता हूँ।
आँचल लहराए तेरा मेरे सामने
आँखों से बस हवा देखता हूँ।
खुशी का आलम तो मिलता नहीं।
खुद से खुद को ख़फ़ा देखता हूँ।

हो तुम किसी और की बांहों में
ऐसा मन्ज़र बार-हा देखता हूँ।
तुम दोस्त हो या हो भी नहीं।
नहीं जानता तुम्हें किस तरह देखता हूँ।
जीने की ख्वाहिश मैं क्या करूँ?
एहसास-ए-खुद को भरा देखता हूँ।
तुम चली गई अलविदा न कहा
बे-मुरव्वतों की यूँ इन्तहां देखता हूँ।
क्यूँ दिल ने चाहा तुझे इस कदर
दिल-ए-नादान का गुनाह देखता हूँ।

तेरा नाम-मेरा नाम

याद मुझे तेरा नाम आया
हाथ में मेरे एक जाम आया।
कट सी गई नस मेरी
यादों का नश्तर मेरे काम आया।
आने दो यादों को प्यार से
कहाँ अभी वक़्ते-इन्तकाम आया।

तेरी किताब में लिखा है मेरा नाम
चलो मेरे हिस्से भी कुछ एहतराम आया।
उलझी थी सांसें हमारी जिस पल
याद मुझे वो मंज़र तमाम आया।
गुमान था मन्ज़िल है मेरे सामने
देखा तो वीरान एक मुकाम आया।

मशहूर हम भी हो गए हैं ज़माने में अब
तेरे अफ़साने में मेरा भी कहीं नाम आया।

कभी न भूल पाऊँगा

एक लम्हा निगाहों से निगाहों की मुलाकात का
अचानक छू जाना तेरे हाथ से मेरे हाथ का
कभी न भूल पाऊँगा मैं।

हम मिलते रहे वो भी हसीन सिलसिला था
इधर भी उधर भी मोहब्बत का वलवला था
कभी ना भूल पाऊँगा मैं।

कसमें एक दूजे की और कितने वायदे थे
ज़िन्दगी होगी हम-बसर हमारे इरादे थे
कभी न भूल पाऊँगा मैं।

फिर सिलसिले थमे वक्त भी कुछ रुक सा गया
ज़माने के सामने तेरा सिर कुछ झुक सा गया
कभी न भूल पाऊँगा मैं।

लिखेगी तकदीर ऐसी, हमारी मुक्तसर सी दास्ताँ
दिल को न था मेरे ऐसे अंजाम का गुमाँ
कभी न भूल पाऊँगा मैं।

करम

वो ना कर सकी करम जो हमने मांगा था
शायद वो आएँ एक मुट्ठी गिराने के लिए,
रखे थे गुल-ए-नरगिस जिस दामन में
वही दामन चाहता हूँ अश्क बरसाने के लिए।
कभी चाहा था जाम मिले मुझे तेरे हाथों से
पल दो पल ज़िन्दगी जी जाने के लिए,
सोचा था जश्न होंगे पुरजोश महफ़िल में
पता न था साक़ी न होगी मेरे मयखाने के लिए।

जब थी तेरी नज़र तो दुनिया भी साथ थी
न आया कोई और मैय्यत उठाने के लिए,
कुछ पल तो करते तुम भी शरीक-ए-जनाज़ा
ज़माने में रस्मो -रिवाज निभाने के लिए।

जिस मोड़ पर हम मिले थे
जाने क्यूँ रुक जाता हूँ वहाँ
बस एक पल थी निगाहें मिली
मिल गया मानो मुझे पूरा जहाँ

(24)

जिस दिन तुझ से बात नहीं होती
ज़िंदगी से मुलाकात नहीं होती
मह-ए-कामिल तो होता है आस्मां में
मगर क्यूँ वो चाँदनी रात नहीं होती

(17)

हुस्न को आएगी अदावत
वक़्त की बात होती है
सिरके उनको आँचल जिस शाम
वो तो क़त्ल की रात होती है

(57)

छा जाती है बहार उनके आ जाने से
दरवें हर सू गुलिस्तां का गुलिस्तां होना
सम्हलें ना ख़ुद उन से बाद-ए-नसीम में
कितना अच्छा लगता है उनका यूँ परेशां होना

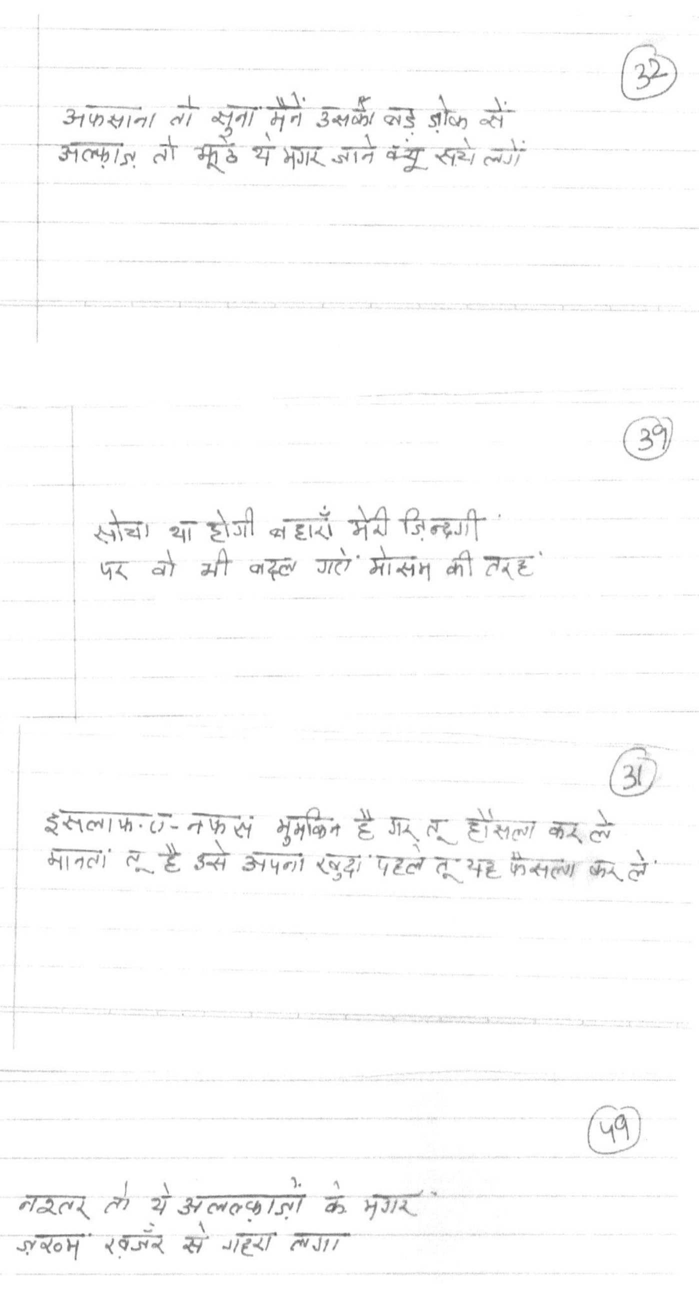

(32)

अफ़साना तो सुना मैंने उसका बड़े शौक से
अल्फ़ाज़ तो झूठे थे मगर जाने क्यूँ सच्चे लगे

(39)

सोचा था होगी बहारों मेरी ज़िन्दगी
पर वो भी बदल गए मौसम की तरह

(31)

इस्लाफ़-उ-नफ़स मुमकिन है गर तू हौसला कर ले
मान ले तू है उसे अपना रहुदा पहले तू यह फ़ैसला कर ले

(49)

नश्तर तो ये अल्फ़ाज़ों के मगर
ज़ख़म ख़ंजर से गहरा लगा

ख़्वाबों की ताबीर

कभी न कभी मेरे ख़्वाबों की ताबीर तो होगी।

उनको खींच लाए कोई ऐसी ज़ंजीर तो होगी।

नहीं मानते न मानें वो, पर कब तक

उनको मनाने की कोई तदबीर तो होगी।

हर मज़ार पर करूँगा मैं जाकर मिन्नत,

हो चारागर ऐसी दुआ-ए-फ़कीर तो होगी।

आ जाएँ मेरी बाँहों के पाश में वो

न बिछ्ड़े रांझे से ऐसी हीर तो होगी।

माना संगदिल हुआ करते हैं हसीन बहुत लेकिन

पिघल जाएँ वो मोम से कोई तकरीर तो होगी।

आ जाएँ पर जा न सकें वो मेरे दर से

लक्ष्मण रेखा जैसी कोई और लकीर तो होगी।

संजीदगी बहुत है उनकी फ़ितरत में माना

कोई अदा मेरी उसे हँसाए इतनी शरीर तो होगी।

ठान ले तो क्या नहीं कर सकता है इंसाँ

इतनी मायल मुझ पर मेरी तकदीर तो होगी।

चाहत का असर

हासिल है शाम ढूँढते थे सहर को।
क्या कहिए अपनी चाहत के असर को।
मुकाम तो बहुत आए ज़िन्दगी में लेकिन
दर-ए-खुद न दिखा बस अपनी नज़र को।
उनके कदमों की आहट तक नहीं बची
ताके बैठे हैं हम उनकी इस राहे गुज़र को।
दोस्तों ने जान ली मेरी दवा पिलाकर
कौन ढूँढता फिरे अब किसी ज़हर को।
सजा रखा है जनाज़ा बस अब रुखसती बाकी
कहते हैं न पी लग जाएगी जिगर को।
बहुत संवारी लोगों की ज़िन्दगी मैंने
सजा न सका बस अपने ही मुकद्दर को।
छाए वो इस तरह दिमाग-ओ-दिल पर
हर सू वो नज़र आएँ देखें हम जिधर को।
मंज़िल न मिलेगी जिस राह पर चले हैं हम
दानिस्ता निकले हैं हम अकेले इस सफ़र को।

अपनी पहचान

ख़ामोशी के आलम में खुद को पहचाना मैंने।
अरे यह तो मैं हूँ आखिर यह जाना मैंने।

कई बार कहा था कि मुझ से मिला करो
वक्त कहाँ है हर बार बनाया यह बहाना मैंने।

चलाया तो था तीर औरों की तरफ मगर
न समझा खुद को ही बनाया निशाना मैंने।

हर शै जहाँ की थी मेरे हाथों में
खुद को छूने से डरता हूँ देखा यह ज़माना मैंने।

खुद-गरज़ी है बस जिस रिश्ते को देखो
वो भी मेरा नहीं जिसे अपना बनाया मैंने।

सच्चाई

गुल नहीं जानता कि
कौन अमीर कौन गरीब है
खुशबू देता है वो उसे
जो होता उसके करीब है।

अमीर है तो क्या हुआ
जलते अपने छोड़ जाएँगे
गरीब जो तुझे जानते नहीं
रात तेरे संग बिताएँगे।

सस्ता हो या महंगा आइना
जो शक्ल है वही दिखाएगा
न उमर करेगा कम तेरी
न वक्त की झुर्रियाँ छिपाएगा।

जो रहना है बेहतरीन तो
बस उसकी रज़ा में जी
तेरी शराब तो है बे-मज़ा
असल उसके मयकदे में पी।

किस-किस की सुनेगा तू
बस महसूस उसका एहसास कर।
बना ले रब्ब को बस तू अपना
उस पर मुकम्मल विश्वास कर।

उनवान

एक हसीन उनवान दे दो अफ़साने के लिए,
रह जाए परदा नशीनी ज़माने के लिए।

हर वर्क-ए-किताब पर लिखा था तेरा नाम
हर्फ़-ए-बेवफ़ाई मिटा दूँगा दिल को समझाने के लिए।

मोहब्बत तुम्हारी भी कुछ कम नहीं थी शायद
वो तो बहार थी जो आई गुल जलाने के लिए।

दिल-ए-नादान समझ न सका कभी उसको
वो खेली थी मेरे दिल से दिल बहलाने के लिए।

थीं खुशियाँ कभी पास अब ग़म हैं तो क्या हुआ
कुछ तो खोना पड़ता है कुछ पाने के लिए।

बे-बसी

शिक्सता अरमान बुझी सी ज़िन्दगी
मेरे चिरागों की है मद्धिम रोशनी

मेरे कुछ इरादे थे
कुछ उसके वादे थे
मंज़िल भी थी राह भी थी
हम-गाम होने की चाह भी थी।

हवा में घुली थी उसकी खुशबू।
जैसे वो हर वक्त मेरे रू-ब-रू
न वक्त था न वक्त की रफ्तार थी
मेरे चमन में छाई बस बहार थी
न जमाने से कोई सरोकार था।
बे-खुदी से खुद को प्यार था।

मेरे ख़्यालों में उसकी बसर थी
खुशनुमा रहती हर सहर थी
उसका अक्स हर शै में था।
नशा उसके तसव्वुर का मेरी मय में था।
क्यूं पड़ी है मद्धिम चिराग की रोशनी
क्यूं है मोहब्बत का दूसरा नाम बेबसी।

तुम

मरकज़ मेरी कायनात के लिए
आब जूँ मेरी हयात के लिए
सांसों की तरह तुम मुझे लाज़िम
तारीकी जूँ सिहा रात के लिए।

ज़िक्र मैं किस शै का करूँ
मज़मून तुम मेरी हर बात के लिए
इन्तज़ार रहता है तेरी महफ़िल सजे
तमन्ना है जवाँ हर मुलाकात के लिए।

चाँद हो तुम मेरे तारों भरे आसमाँ में
गुल-औ गुंचे चाहिए हर निशात के लिए
पड़े बौछार तेरी मोहब्बत की मुझ पर भी
घटा उमड़े ये तो लाज़िम है बरसात के लिए।
सजदा तो किया नहीं किसी दर पर मैंने
झोली फैलाई मैंने बस तेरी सौगात के लिए।

सज़ा-ए-हिज्जर

शब-ओ-रोज़ की शादमानी है
क्यूँ किसकी यह मेहरबानी है
भड़की है शम्मा गुल होगी ज़रूर
लगती मुझे बस वही कहानी है।

भूले हम हयात है न पायदार
न सोचा ज़िन्दगी बुलबुला बे-पानी है।

शिरक्त-ए-बज़्म की है दावत वसूल
जानते हैं दुश्मनी की निशानी है।

न कहेंगे अलविदा तक मुझे वो
सज़ा-ए-हिज़्ज़र सुनानी बेज़ुबानी है।

एक पल

एक पल मिले ज़िन्दगी यूँ गुज़रे,
आफ़ताब नहीं पर रोशनी सी बिखरे।

हमवार रास्ता अब बन गया है
ये बस जहाँ कँकर बिखरे-बिखरे।

मोहब्बत का घर बन गया है अब
जहाँ दियार थे कभी उजड़े-उजड़े।

मसर्रतों का सिलसिला जुड़ गया है
खुशियाँ थी जहाँ टुकड़े-टुकड़े।

क्यूं देखूं मैं गुलिस्तां की तरफ
दामन पर गुल तेरे हैं हज़ारों छितरे।

कितने सवाल?

बेरुखी है इजज़ा यूँ तेरी मीठी अदा का
खलिश सी दे जाए दामन तेरी शफ़ा का।

होती है पुर नूर चाँदनी और माह-ए-कामिल मगर
कोई शब न दिखे एक तारा भी आसमाँ का।

गुल-ए-फ़िरदौस के अम्बारों से सँवर जाता हूँ
कभी झुलसा जाए एक झोंका बियाबां का।

बना देती है तू मुझे पैकर अपनी जबीं झुका कर
फिर चश्म से गिर जाता हूँ बंदा जूँ किसी गुनाह का।

मेरी राह चुनती हो हर नक्श-ए-पा के लिए
कभी संगे मील का पत्थर न यहाँ का न वहाँ का।

हर जन्नत सिमट आती है मेरी बाँहों में कभी
कोई लम्हा न मैं इस जहाँ का न उस जहाँ का।

वफ़ा की बहारें छा जाती हैं चमन में हर सू
सितम हो जाता है बरपा बे-मौसम की ख़िज़ां का

तेरी मोहब्बत की खुशी हो जाती है दिल नशीन
एहसास होता फिर किसी दर्द-ए-निहाँ का

मुतमईन हो जाता हूँ जब तेरे जवाब से
तेरी निगाह में पाता हूँ जज़्बा अपने इम्तिहां का।

तुझे मुझ से मोहब्बत है की है भी नहीं
जो जिया हो वही एक चेहरा तो नही हर इंसाँ का।

तेरी जफ़ा

तेरी बज़्म में आया हूँ इस गुनाह के लिए,
जफ़ा देखूं तेरी किसी दर्द-ए-पनाह के लिए।

तेरी जफ़ा से है न मुझे कोई ग़िला,
हर मुकद्दर का होता है अपना ही सिलसिला।

लाज़िम नहीं मंज़िल हो हर कारवाँ के लिए,
तिशनगी में तरसता है इंसान दरारो खाँ के लिए।

क्या होता गर तुम वफ़ादार होते,
चमन मेरे भी गुल-ओ-गुलज़ार होते।

न काबिल गुल सभी, हर गुलिस्तां के लिए,
कुछ लोग न रहबर आश्रा और मेहरबान के लिए।

संग-ए-मील की तरह हम राह पर पड़े रहे,
औरों की तरह तुम भी इस राह से गुज़र ही गए।

तेरे ख़्यालों से गर मेरी गुज़र होती,
एक पहर तेरी अन्जुमन में बसर होती।

इब्तिदा न इन्तहा मेरा वल बस दरमियाँ के लिए,
न हुआ गुज़र इस ज़मीन पर न बने किसी आसमाँ के लिए।

हमराज़

तुम, तुम थीं और मैं, मैं था
न तुझे मेरी खबर न मुझे तेरा पता।

एक तसव्वुर था मगर तस्वीर न थी,
ज़िन्दगी संवर जाए ऐसी तदबीर न थी।

आया एक पल तसव्वुर तस्वीर बन गई,
मेरी हथेली पे मुकद्दर की लकीर बन गई।

देखा तुझे तो नई ज़िन्दगी बन गई,
हलकी सी चाहत हमारी आशिकी बन गई।

कायनात की थी ये कोई जादूगरी,
दो राहें एक मोड़ पर आ मिलीं।

चला कारवाँ और रास्ता बन गया,
दो अनजान ज़िंदगियों का वास्ता बन गया।

हमसफ़र हमनवां हमनवाज़ बन गए,
कुछ अलग न था बस हमराज़ बन गए।

साल दर साल कितने मुकाम आते रहे
कुछ छोटे कुछ बड़े इम्तिहान होते रहे।

ज़िन्दगी का राज़-ओ-मक़्सद दिल से जीना है,
जो भी जाम दे साक़ी उसे मसर्रत से पीना है।

एक ख़ुदा

नरम जुल्फ़ों के ख़म
किसी जन्नत में हम,
सिर तेरा मेरे शाने पे टिका
मुझे मेरा जहां मिला।
मुकम्मल ज़िन्दगी हो गई
घर में रोशनी हो गई।
बाद-ए-सबाह अच्छी लगे,
हर शै मुझे सच्ची लगे।
खुद को खुद से मिला हूँ,
गुल की तरह मैं खिला हूँ।
तेरे आँचल से खुशबू मिली,
चाँदनी मेरी आसमाँ पर खिली।
जीना मुझे रास आ गया,
एक ख़ुदा मेरे पास आ गया।

झूठे ख़्वाब

ग़म और दर्द-ए-पनाह भी है,
दर्द तो है मगर क्या दर्द की दवा भी है?

सुना था उसने जो मैंने उससे कहा,
वो सुना था मगर अन-सुना भी है।

हमने तो गुल चाहे थे गुलिस्तां में,
अनजाने में हमने ख़ारों को चुना भी है।

आए वो मेरे ख़्वाबों में रात भर
ऐसे झूठे ख़्वाबों को मैंने बुना भी है।

तेरी चाहत

तेरी चाहत को अब मैं चाहने लगा हूँ,
मर के तुझ पर जीने का मज़ा पाने लगा हूँ।
ज़िन्दगी थी मायूस एक साज़-ए-सोज़ की तरह,
मसर्रत का एक नग़मा अब गुनगुनाने लगा हूँ।

तन्हा दिल था और था दर्द का आलम,
तेरी चाहत में मैं अब मुस्कुराने लगा हूँ।
विरान थी राहें न किसी मंज़िल का पता,
हर कदम पर एक नई मन्ज़िल पाने लगा हूँ।

बे-खुदी का आलम था न वजूद का पता,
तेरी मुस्कुराहट से खुदी को सजाने लगा हूँ।
दर-ओ-दीवार में मेरा तारीक सा जहाँ था,
फ़िरदौस को अपने आंगन में बिछाने लगा हूँ।

उसकी रुख़सत

उसकी रुख़सत का ग़म तो है मुझको,
कुछ और दर्द अपने जुनून-ए-बेअसर का है।
शहर के कोने-कोने से वाकिफ़ हम थे,
न पता लगा वो रास्ता जो मेरे घर का है।
क्यूं करूँ गिला वो जो न हो सके बा-वफ़ा,
हक उन्हें भी अपनी इन्तखाब-ए-नज़र का है।
न थी वो मंज़िल उसकी जो मैंने चुनी,
हम-मंज़िल होना नहीं लाज़िम हम-सफ़र का है।
चाहत है वो नशा जो हर साक़ी न दे सके,
किस जाम से मिले सरूर ये मय के असर का है।
आँसू तो क्या ख़ून भी दिखा दूँ उसको अगर,
होगा ब-असर जो न लगे के वो मेरे जिगर का है।
ज़हर-ए-हलाल अब है दोस्ती न कुछ खुशनुमाँ,
खुदी ही खुदी न बंदा कोई शिरीन सुखन का है।
पैगाम-ए-ग़म छिपा है इंसाँ के हर नग़मे में,
अपने दोस्तों के हाथों भी होता सौदा कफ़न का है।

चिताएं

दिल पे तेरी यादों के साए हैं,
बादल-ए-ग़म आसमां पर छाए हैं।
आँखों से बहे अश्क का जो कतरा,
है बे-इन्तहा समंदर एक ग़म का,
लाखों समंदर ऐसे हमने दिल में छिपाए हैं।

हर शै बनकर रह गई है एक सपना,
जी ना सके कोई पल जीवन का अपना,
लाखों पल ऐसे मरकर हमने बिताए हैं।

काश आँख लगे और कहीं सो जाऊँ मैं,
खुद को न ही कभी ढूँढ़ पाऊँ मैं,
बार-हा-जलाई हमने अपनी चिताएँ हैं।

दिल-ए-चूर

किया है दिल-ए-चूर को चिराग़ाँ,
उसकी राह-ए-जफ़ा में रोशनी के लिए
हासिल हो उसको मंज़िल अपनी,
हर गाम में जलूँ ज़िन्दगी के लिए।

तगाफुल हूँ मैं अपनी ही हस्ती से,
नहीं तमन्ना ज़िन्दगी के लिए,
क्या पीना उस मयकदे में,
न राज़ी हो साक़ी किसी खुशी के लिए।

माना था उसको अपना ख़ुदा मैंने,
सिर झुका भी उसकी बन्दगी के लिए,
सूख़ा है, मुरझा गया है, गुलिस्ताँ मेरा,
सींचा था गुलों को मैंने ताज़गी के लिए।

समन्दर

कल कहा था उसने
समन्दर सा वक़्त है हमारे पास,
साहिल है सफ़ीना है
और हमें माजों में जीना है।
जो साहिल पर आएगी
और हमें समेट ले जाएगी
उन गहराइयों में जहाँ
न होगा कोई हमारे सिवा
होंगी खामोशियाँ
हमारी आगोशियाँ
और मदहोशियाँ
आरज़ू होगी
जुस्तजू होगी
सिमटकर एक होने की।
साथ जीने की मरने की
वक़्त तो आज भी है
साहिल है सफ़ीना है
किसे मगर जीना है

फासले दरमियाँ हैं
वो मौजें कहाँ हैं?
जो मुझे ले जाएँ तुम तक
सोच नहीं पाता हूँ।
किस समन्दर की बात की थी
तुमने?

एक शहर-एक कहानी

झरोखा-ए-मयखाने से नहीं झाँकती कोई रोशनी,
साक़ी-ओ-पैमाना न है मय की रवानगी।

शान-ओ-शौकत जश्न बदें नवाज़-ए-महफ़िल कहाँ रहे?
दौलत ज़रो ज़न की खनक वो खुले दिल अब कहाँ रहे।

शीरीं गुलू वो थिरकन वो साजिंदों की बारीकियाँ
न वो जाने-ए-जाम न चिलमन से ढकी खिड़कियाँ।

चमेली नरगिस के गजरे इतर की खुशबू रही कहाँ?
न बंदे रहे न बंदगी कहाँ है वो पुर खलूसियां

फानूस बे-नूर छत दरो दीवार पे तारीकियाँ,
फाशों चाक चादर चरमराते तख्तों की सिसकियाँ।

न कालीन मसद तश्तरी न चाँदी न गिलोरियाँ,
हिना न सजे, पायल न रही न वो रंगीन चूड़ियाँ।

शिकवे गिले न अन्दाज़ नाज़-ओ-तरज़े बयान,
मय का सरूर शरारत अदाएँ कहाँ वो मस्तियाँ।

ज़ुल्फ़ों के ख़म नाज़ुक बदन लिबासों के सितारे कहाँ?
चमकते मोती मचलती हँसी आँखों के इशारे कहाँ?

मोहब्बत की बातें टूटे दिल न हसरत के पैग़ाम हैं,
लरज़ते हाथों से नहीं दिए जाते मसर्रत के जाम हैं।

हुस्ने नाज़ुक शाइस्ता बदन धड़कते सीनों के उभार कहाँ?
जोश-ए-जवानी कहाँ बग़ावत के झुलस्ते इकरार कहाँ?

ताज़ीब और थी कुछ और था उनका तरज़-ए-बयाँ,
गर्दो-गुबार में लिपटी है महज़ कुछ कहानियाँ।

सिहाई और ख़ामोशियां

रात की सिहाई और खामोशियाँ
और कुछ सिमटती सी सरगोशियाँ
हवा के एक झोंके से
चला आया तेरा तसव्वुर
और मिल गया उन ख़्यालों से
जहाँ तुम बसती हो
और हँसती हो।
तो याद आते हैं वो दिन
जब मैं था और तुम थीं
और थी वो बे-खुदी
दो रूहों की दोस्ती
पर
एक दिन जो तुमने कहा
मेरा आफ़ताब डूब गया
घुल गई सिहाई रात की चाँदनी में
न कोई चाँद न कोई सितारा बचा
मेरे साहिल का न कोई किनारा बचा

और मैं डूबता चला गया
उन गहराइयों में
जहाँ होती है बस
सिहाई और खामोशियाँ
और कुछ सिमटती हुई सिसकियाँ।

तू देख

जुनून को देख मेरी वहशत-ए-चाहत को देख,
अपनी जफ़ा को देख मेरी मोहब्बत को देख।

हुस्न लाफ़ानी तो नहीं है ए ग़ज़ाला,
अर्श को भी देख तू न बस जन्नत को देख।

इश्क की फ़ितरत तो है बस ताअत,
ज़मीर को देख तू अपनी फ़ितरत को देख।

इश्क तो हर ज़द सह लेगा मगर,
तू अपनी ज़द रसानी की आदत को देख।

चाहत है मेरे हर बात का उनवान,
मेरा मज़मून देख अपनी इबारत को देख।

यहाँ तो है हर लफ़्ज़ वफ़ा से जुड़ा,
इक नज़र तू अपनी सिहा तबाइत को देख

बना देते हैं ख़ुदा तुझे अपने ईमान का,
खुदी को न देख हमारी इबादत को देख।

हुसन को मिलता है एक दर्जा-ए-बाला नशीन,
हकीकत को भूल तू इश्की की इज़मत को देख।

सजते ख़्वाब

कितना ख़ूबसूरत एहसास है तेरी यादों के आने का,
अधूरी तसव्वुर का एक मुकम्मल तस्वीर बनाने का।
बिखर जाती हैं जुल्फें तेरी आवारा हवाओं में जब,
कितना हसीं मंज़र होता है तेरा उंगलियों से सुलझाने का।
आती हो तो चले का बहाना लेकर तुम हर बार,
कितना अच्छा लगता है सुनना ऐसे तेरे बहाने का।
चाहत है चले जाएँ किसी ऐसी जगह पर हम,
न सुनाई दे कोई शिकवा या गिला इस ज़माने का।
जिस पल मिला मैं तुझसे ज़िन्दगी मिल गई,
जाने क्यूँ दिल चाहता है बस खुशी से मर जाने का।
घर का हर कोना सजा लिया है मैंने प्यार से,
मुन्तज़िर हूँ तेरा एक दिन मेरे आँगन में आने का।
हर शब गुज़रती है अक्सर तेरा ख़्यालों में,
रोवा बना लिया है अपने ख़्वाबों को यूं सजाने का

आस-पास

एक हल्का सा एहसास
तू है कहीं आस-पास।
कैसे भूल जाऊँ
कभी तो आशना थे हम।

तेरे बदन की खुशबू,
दिल में मचलती आरजू।

रेशमी आँचल की छाँव,
मेंहदी लगे तेरे पांव।

लबों से लबों की छुअन,
बदनों में उठी वो सिहरन।

तेरी जुल्फ़ों के खम,
मदहोशी में डूबे हम।

तेरा चले आना सरे शाम,
शर्म से पुकारना मेरा नाम।

चाँद तारों भरी रात,
चलना हाथों में लिए हाथ।

तेरे पुराने ख़त मेरे पास,
मिटे से कुछ पुराने एहसास।

कैसे भूल जाऊँ....
कभी तो आशना थे हम।

तन्हाई का आलम

तन्हाई के आलम में दिल तन्हा तो नहीं,
वो तेरी यादों के सिलसिले से जुदा तो नहीं।

सजदा किया था मैंने जिसका शाम-ओ-सहर,
तुम रहे अब मेरे वो खुदा तो नहीं।

बस चले गए तुम मुड़कर देखा तक नहीं,
कैसी बे-रुखी थी अलविदा कहा भी नहीं।

माना बंदिश थी ज़माने की कुछ तो मगर,
पूछो अपने दिल से तू इतनी बे-गुनाह भी नहीं।

मना लेते दिल को तो शुरू हो जाता सफ़र,
था मंज़िल से दूर इतना फ़ासला भी नहीं।

करूँ शब्ब में बातें तेरे ख्यालों से मैं कभी,
दिल-ए-पस्त में तो अब इतना हौसला भी नहीं।

छोड़ा था जिस मोड़ पर तूने मुझे,
नज़र आता आगे मुझे कोई रास्ता भी नहीं।

आए तेरे अफ़साने में मेरा नाम तो कहीं,
किया तूने अभी तक यह फैसला भी नहीं।

तुझे क्या कहूँ?

जुल्फ़ें हैं या शब-ए-दजूर का आलम,
पलकों पे टिमटिमाते हज़ारों कहकशाँ।
तेरी इस महक को मैं क्या नाम दूँ,
हर अंग में जैसे संदल का गुलिस्तां।

कितने ख़ूबसूरत और नाज़ुक हैं मोड़-ए-बदन,
किसी वादी में उठता सुबह का धुआँ।
नज़ाकत तेरे दबे पैर चले आने की,
बहती हैं आब में जूँ गुलाब की पंखुड़ियाँ।

हर गज़ाला की सादगी तुझमें,
कैसी शाइस्तगी से सजा है तेरा जहाँ।
ठहरा हुआ किसी झील का पानी,
या नज़ाकत से बहता किसी चश्मे का पानी।

आबशार-ए-गेसू शानों पे गिरें,
तेरी आँखों में नीला आसमाँ।

रुखसार पे है रंग-ए-गुलाब का शबाब,
चेहरे पे हो जैसे माह-ए-कामिल का गुमान।

सुबह की हवा में लहराता तेरा आँचल,
उड़ती हैं जैसे हज़ारों तितलियाँ।
नज़र-ए-करम तेरा जो हो जाए मुझे हासिल,
फ़िरदौस बन जाएगा मेरा यह जहाँ।

सिला-ए-इश्क

सिला-ए-इश्क गर ग़म है तो ग़म ही सही,
मेरी दो आँखें पुरनम हैं तो पुरनम ही सही।

सोचा था कहीं होगा नशेमन अपना,
ख़्वाब ही तो था हुआ बरहम तो बरहम ही सही।

मुश्किल होगी राह-ए-मोहब्बत पता न था,
न देगा साथ मेरा कुछ देर ऐसा हम-कदम ही सही।

उनके ख़्यालों में होगी गुज़र यह चाहा मैंने,
था दिल का यह वहम तो फिर वहम ही सही।

की जफ़ा उसने और है ज़माना भी उसका,
कहते हैं कसूर है मेरा तो बा-कसूर हम ही सही।

मुड़कर ही देख लेते वो मुझे जाते-जाते,
दिल कर लेता कुछ तो तसल्ली इतना तेरा करम ही सही।

सोचा न था

राह में शिजर तो बहुत मगर साया न था,
देखा तो था उसने मुझे पर बुलाया न था।
राहे मोहब्बत में होगा हर कदम दुश्वार,
यह सच तो किसी ने हमें बताया न था।

चाहने से हर चीज़ मिलती नहीं ज़िन्दगी में,
मुक़द्दर ने यह तो हमें समझाया न था।
न रहेगी वो मेरी राज़-दान-ए-दिल,
यह राज़ तो उसने मुझे बताया न था।

किस दर पर झुकाऊँ मैं अपनी जबीं,
वो दर तो मेरी नज़र में कभी आया न था।
बैठते दो दिल सुकूं से किसी वीराने में,
वो मुकाम तो ज़िन्दगी ने कभी दिखाया न था।

क्या देखा ?

मोहब्बत में हमने यह करिश्मा देखा,
दिल को खुद से, खुद को दिल से जुदा देखा।

धड़कने बढ़ गई हैं दिल ने यह कहा,
बहारें आईं गुलशन में ऐसा समाँ देखा।

मैं था, मेरा दिल और वीरानी,
तुम आई तो हमने खुशनुमा जहाँ देखा।

दिल पर अक्सर छाए रहते थे घने बादल,
धूप है खिली अब हमने नीला आसमां देखा।

तुम मिली हो, हैं खुशियों के अम्बार अब,
ऐसा मुकम्मिल जहाँ मैंने पहले कहां देखा।

तेरे चेहरे का नूर दो झीलें आँखों में,
तेरे कांधों पे आबशार-ए-गैसू खाँ देखा।

ज़िन्दगी तो थी मगर बेमानी सी थी,
तुझे देखा तो हर चीज़ को खुशनुमा देखा।

न थी कोई राह न मंज़िल थी सामने,
तुम हुए हम-गाम तो हमने एक रहनुमा देखा।

तेरी खुशबू फैली है हर तरफ हवाओं में,
जब देखा मैंने अपने दिल को तो आशना देखा।

एक एहसास

तेरी उस दस्तक का एहसास
मुझे आज भी है......
जो तेरी झुकी निगाहों ने दी मुझे,
हुई हलचल अरमानों में
दिल उड़ चला कितने आसमानों में
एक आशियाँ जो तेरा था मेरा था।
अपनी ही शामें थीं अपना सवेरा था
घटा भी अपनी और हवा भी
कुछ न कहा पर सब सुना भी।
हमारे दिलों के दरमियाँ
न ढूँढ़े मिलता था
किसी को हमारा जहाँ।
क्यूँकि
ऐसा कोई जहाँ था ही नहीं।
बस एक एहसास था,
तेरी आँखों की दस्तक का
जो मुझे आज भी है।

बे-इन्तहा

खूबसूरत वादियों में
नए-नए गुल खिले हैं
ठंडी बहती हवा में
हम तुम मिले हैं।

जिस चाहत में तुमने
मेरा नाम लिया
और इस बहार ने
जाने क्या किया
मैं खिल गई,
एक गुलाब की तरह
इन खूबसूरत वादियों में
तेरी बांहों के पाश में
पिघल जाऊँ काश मैं,
एक शम्मा की मानिंद
और रोशन हो जाए
हमारी आज की शब्ब,

रात की खामोशियों में,
बे-खुदी की मदहोशियों में,
मैं तुम से कहूँ...
मुझे मोहब्बत है तुमसे
बे-इन्तहा.........।

तेरा नाम

याद मुझे तेरा नाम आया,
शाम ढले हाथ में जाम आया।

कट सी गई एक नस मेरी,
यह नश्तर भी मेरे काम आया।

आने दो यादों को प्यार से,
कहाँ कटा वक्त-ए-इन्तकाम आया।

उलझी थी सांसें बे-पनाह हमारी,
याद मंज़र मुझे वो तमाम आया।

गुमान था ज़न्नत है बस सामने,
देखा तो वीरान एक मुकाम आया।

मोहब्बत तो है अब सुपुर्द-ए-ख़ाक,
तेरे अफ़साने में न कहीं मेरा नाम आया।

रखे हैं मेरे ख़त तूने संभाल कर,
चलो मेरे हिस्से में इतना तो एहतराम आया।

जाग उठेगी मोहब्बत फिर एक बार,
जाने क्यूँ दिल में ऐसा झूठा गुमान आया।

मेरी बन्दगी

कई साल गुज़रे पर नई-नई सी है ज़िन्दगी,
पत्तों से छनकर आती है चाँद की रोशनी।

पीता हूँ हर शाम अपने हाथों से जाम,
शामें तो गुज़रती है पर कम ना हो तिश्नगी।

गजरे सजाता हूँ हर शब तेरे गेसुओं में,
सुबह होती है वही खुशबू वही ताज़गी।

सजदे किए हैं हज़ारों तेरी महफ़िल में,
दिल चाहता है जवाँ रहे यह मेरी बन्दगी।

अज्ञात जवान की समाधि

पुष्प अर्जित किए जाते हैं
और जलती है इक लौ
दिन और रात....
देश और विदेश के नेता
सिर झुका कर खड़े होते हैं मौन
अज्ञात जवान की समाधि पर
पर क्या देश भूल जाता है?
उन वीर पुरुषों के नाम,
जो मर मिटते हैं
अपने देश के लिए,
वो अज्ञात न था
किसी का बेटा,
किसी का भाई,
किसी का पति,
किसी का पिता, उसके बूढ़े माँ बाप आज भी हैं,
जो याद करते हैं उसे उसके नाम से,
सड़क की अज्ञात मौत
लागू की जाती है
लड़ाई के मैदान पर.....

न लगाओ इतनी कम कीमत
और भूल जाओ उसका नाम
वो था देश का बलवान सपूत,
रखवाला रक्षक बलिदानी कर्मी,
क्या उसकी समाधि को
नहीं जान सकते उसके अस्तित्व से,
ताकि उसका नाम रहे हमेशा.....
उसकी समाधि पर और
न पुकारें उसे
अज्ञात जवान की समाधि....।

2020

वक्त की कैद में बने लाचार बैठे हैं,
शिकारी खुद ही बने शिकार बैठे हैं।

फुरसत न थी जिन्हें दो पल की,
हाथ पे हाथ धरे बेकार बैठे हैं।

एक ज़र्रा खा रहा है आफ़ताब तेरा,
बेबस बड़े-बड़े जानकार बैठे हैं।

क्या होगा हश्र जहां का, इंसा का?
सवाल ऐसे बने कतार बैठे हैं।

थाम ले हाथ दिखा दे रास्ता,
किसी मसीहा का करे इन्तज़ार बैठे हैं।

कब हुआ क्यूँ हुआ कैसे हुआ?
छिपाए राज़ कई राज़दार बैठे हैं।

प्रवासी

एक आँधी आई और तेरा छप्पर उड़ा है,
सूख़ा सा निवाला भी मिट्टी में जा मिला है।
न बची ज़मीन जो थी तेरे पैरों तले,
एक सुलगता आसमा ही किस्मत में बचा है।
घर तेरा दूर मीलों का रास्ता है,
जीने किस हौसले से तू चल ही पड़ा है?
ज़िन्दगी का बोझ अपने कांधों पर धरे,
एक टूटा सा चप्पल तुझे बस ले चला है।
नन्हीं उंगलियों को थामे सूनी आँखें लिए,
सैकड़ों मीलों के पत्थर तू गिन रहा है।
शुरू हुआ है तो खत्म भी होगा सफ़र,
इस विश्वास के संग तू आगे बढ़ा है।
सोया था रात को तू लोहे की पटरी पर,
तेरा एक टुकड़ा सूखी रोटियों संग मिला है।
कौन देश है तेरा किस देश का वासी है तू?
लम्बी कतारों में बस एक प्रवासी खड़ा है।

मोहब्बत की बातें

आ कर लें कुछ मोहब्बत की बातें,
सुनकर वो आँचल में दबा सी गई।
हसरत थी लबों से लब मिलें चाहतों के,
उंगली रख कर मेरे लबों पर मुस्करा सी गई।
कब होंगे शरीक-ए-हयात यह पता तो नहीं,
मसर्रत का एक घर वो बना सी गई।
ख़्वाबों में मेरे वो आते हैं रात भर,
कुछ इस तरह मुझे है वो सता सी गई।
रहेगी रोशनी ता-उमर इस मकान में मेरे,
दर-ओ-दिवार पर रोशनी की लड़ी लगा सी गई।
सब्र का फल होता है मीठा यह उसने कहा,
अपने मन की बात वो मुझको समझा सी गई।

Glossary

इन्तहा	Extreme	पुर-मय	Full of wine
इब्तिदा	Beginning	ग़ाम	Step
पस्त	Collapsed	मसर्रत	Happiness
गेसू	Hair	अश्क	Tears
गुलिस्तान	Garden	आलम	Ambiance
फ़ितरत	Nature	गुंचे	Bunches/Bouquets
आतिश-ए-दोज़ख	Fire of Hell	आगोश	Embrace
कूह	Mountain	आफ़ताब	Sun
इफ़त्शां	Explode	अबर	Cloud
एहसास-ए-मलाल	Feeling of repentance	सजदा	To bow
		रह-गुज़र	Pathway
पिन्हा	Hidden	गोश	Corner
चश्म	Eye	पुर-नूर	Full of light
पसे मन्ज़िर	Behind the scene	शब्ब	Night
वसी	Broad/Wide	एहसास	Inner feeling
रूबरू	Face to Face	पुर-नम	Wet/Full of tears
ख़ार	Thorn	बरहम	Scattered
साक़ी	Bar Maid	ख़ला	Atmosphere

Glossary

परचम	Flag	रहमत	Blessings
वजूद	Existence	गुफ्तगू	Conversation
शब्ब-ए-अफरोज़ा	Bright lit night	बार-हा	Often
अलफ़ाज	Words	महक-ए-जज़्बात	Fragrance of feelings
सुपुर्द-ए-खाक़	Consigned to dust		
सू	Direction	मसर्रत	Happiness
सुकून	Peace of mind	निहाँ	Hidden
तारीक़ी	Darkness	शिरकत	Participation
हस्ती-ए-खुद	Self	तामीर	Construction
फ़लसफ़ा	Philosophy	नशेमन	Nest/Resting place
तस्कीन	Satisfaction	मुज्जसिम	Pious man
प्याम	Message	आश्काँ	Being in love
इन्तकाम	Revenge	सितम़	Torture
जफ़ा	Unfaithfulness	सिहा	Dark
एहतराम	Respect	दानिश	Wise
चस्पा	To stick/Paste	सेहरा	Desert
माह-ए-कामिल	Full moon	शाने	Shoulders
क़मर	Moon	बाद-ए-नसीम	Morning breeze
दीदार।	To see	रोशनाई	Luminosity
पासबाँ	Well wisher	वर्क	Page
आशियाँ	Nest	परवाज़	Flight
सफीना	Boat	शाहीन	Falcon
राज़-दान	A confidant	आशनाई	Love affair
शिद्दत	Intensity	सरूर	Intoxication
रज़ा	Acceptance	तारी	Prevailing

शुआ	Ray	आरज़ू	Desire
वाबस्तग़ी	Relationship	बादबान	Sailing canvas
तसव्वुर	Imagination	कश्मकश	Struggle
दौर-ए-मयकशी	Drinking session	संग-ए-मील	Milestone
आगाज़	Beginning	शिजर	A tree
हम-गाम	Walking in step	दयार	Territory
तलख़ियां	Bitterness	सदा	Call
नेमत	Blessing	बे-दार	Awake
रुख़सार	Cheek	ना-साबूर	Impatient
शबाब	Beauty	हमनवा	Like minded
इन्तख़ाब	Selection	मुआम्मा	Jigsaw puzzle
नाशात	Cheerfulness	मजमाँ	Gathering
नायाब	Unmatched/Unique	हस्ती-ए-खुद	Self
रश्क	Jealousy	ख़िज़ाँ	Dry season/ Autumn
कशीदगी	Tension		
ज़ोक	Appetite/Interests	हम-जाँ	Togetherness
रिन्दगी	Drinking of wine	रज़ा	Agreement
मुफ़लिस	Poor	बाद-ए-सबा	Morning breeze
फज़ल	Favour/Courtesy	हम-आगोशाँ	In embrace
तबीब	Hakim	सरगोशियाँ	Whispers
दीदार	To see	बे-मुरव्वत	Insensitive
आरिस्ता	Arranged	अदावत	Enmity
जुस्तजू	Effort	नश्तर	Knife
माज़ी	Past	लबरेज़	Full to the brim
राज़दानी	Secrecy	मेहताब	Moon

Glossary

ला-आब	Without water	शमशीर	Sword
रंजिश	Enmity	खम-ए-ज़ुल्फ़	Curl of hair
ज़ीस्त	Existence	फ़िरदौस	Heaven
दिल-ए-चूर	Broken heart	कमर-औ-कहकशां	Moon and the Milky Way
चिरागाँ	Alighted	कूचा-ए-ज़मीन	Corner of land
मकसूद	Selected	आवाज़-ए-फुगान	Sound of wailing
तगाफुल	Unmindful/Neglect	दिलपीर	Sad
पैकर	Face/Appearance	तफल-	Child
तिश्नगी	Thirst	शब्ब-ए-दजूर	Dark night
फ़कत	Only	गज़ाला	Dear
रूहानी	Spiritual	शाइस्तगी	Neatness
वाईज़	Religious counsellor	आबशार	Waterfall
ज़ाद	Strike/Hit	चिलमन	Curtain
शब्ब-ए-फुरकत	Night of separation	रहवर	Guide
अजल	Hour of death	पासबाँ	Gate keeper
पुर खलूसियाँ	Full Heartedness	तबस्सुम	Smile
बे-साख़ता	Suddenly	दराज़	Big
मज़मून	Subject	नियाज़	Desire/Offering
कंदीलें	Lamps	दश्त	Arid plain
आब-ए-हयात	Water of life/ Nectar	काशाना	Dwelling/House
तिलस्मी	Magical	सोज़	Plaintive
रहजन	Highway robber	आब-ए-अस्तदा	Still water
जर्बी	Forehead	अरश-औ-दश्त	Sky and desert
		ख़ला	Void

आरिस्ता	Structured	इमरोज़	Today
मुनसिफ	A Judge	फाश-औ-चाक	Torn
सरपरस्ती	Guidance	तरज़-ए-बियाँ	Way of description
पामाल	Crushed	वहशत	Madness
जमाल	Beauty/Elegance	लाफ़ानी	Immortal
शब्ब-ए-हिजर	Night of separation	ज़द रसानी	Hitting/Giving blows
खलिश	Anxiety	बाब	Chapter
वाज़िया	Visible	बाला-नशीन	High place
ताबीर	Realization of dream	इज़मत	Respect/Honour
मायल	Inclined	शेवा	Business
उनवान	Heading/Preface/introduction	दिल-ए-पस्त	Dejected heart
मरकज़	Centre	आतिशफिशाँ	On fire
शादमानी	Happiness	बज़्म	Gathering
गरूब-ए-कमर	Setting of moon	नाखुदा	Boat captain
इजज़ा	To be part of	रंग-ए-शफ़ाक	Colours of sunset
वसल	Union/Meeting	बर्क	Lightning
कायनात	Universe	सर-जानिश	Beauty
ख़म	Twist/Bend	सरपरस्ती	Under care
साज़-ए-सोज़	Sad instrument	सखावत	Charity
ज़हर-ए-हलाल	Deadly poison	बादाकश	Drinker
शिरीन-सुखन	Fine choice	रकीब	Guide
		दस्तूर-ए-कायनात	Law of nature